KB162802

왜
발해 무왕은
당나라를
공격했을까?

교과서 속 역사 이야기, 법정에 서다

13
역사공화국
한국사법정

왜
대문예 vs 무왕
발해 무왕은
당나라를
공격했을까?

글 김용만 | 그림 조진옥

|주|자음과모음

고구려를 계승하여, 대륙을 호령하던 찬란한 역사를 자랑하는 발해는 삼국 시대를 뒤이어 통일 신라와 함께 남북국 시대를 열었던 나라입니다. 하지만 발해는 자체적으로 기록을 거의 남기지 못했고 유물도 중국, 러시아, 북한 등에 흩어져 있기 때문에 그동안 충분한 연구가 이뤄지지 못했습니다. 또한 발해가 멸망한 후, 고려가 발해의 유민을 받아들이기는 하였으나 발해의 영토를 회복하지는 못했지요. 그래서 발해는 신라와는 달리 사람들의 관심을 많이 받지 못했습니다. 결국 발해는 통일 신라와 함께 남북국 시대를 이뤘음에도 불구하고, 아직까지 통일 신라에 비해 덜 알려져 있습니다.

하지만 발해는 우리 역사에서 너무도 소중한 나라입니다. 15명의 임금과 228년 역사의 발해는 사방 5천 리의 드넓은 영토를 차지했으며, 높은 문화 수준과 경제적 풍요를 누려 한때 '바다 동쪽의 번성한 나라'라는 뜻으로 '해동성국'이라 불렸습니다. 만약 우리가 발해의 역사를 잊어버린다면, 남북국 시대의 북국 역사를 잃어버리는 것이며, 고구려를 이은 나라를 잃어버리는 것이고, 나아가 우리 역사의 소중한 부분을 잃어버리는 결과가 될 것입니다. 그나마 최근 들어 발해 유물이 많이 발굴되면서 그 역사가 재조명되고 있어 다행입니다.

그런데 발해사에서 우리가 반드시 알아야 할 일들이 있습니다. 최근 중국은 발해를 중국의 역사에 포함해야 한다고 주장하며, 발해 역사를 한국사에서 떼어 놓으려고 하고 있습니다. 중국은 발해가 당나라의 지방 정권에 불과했고, 당시 중국과 한국의 영토적 경계는 신라와 발해를 나누는 대동강 지역으로 봐야 한다고 주장하고 있습니다. 그러나 고구려의 후예인 발해는 결코 당나라의 지방 정권이 아니었으며, 당당하고 강력한 제국이었습니다.

우리가 이 책에서 만나게 되는 발해 제2대 무왕은 일본에 보낸 국서에서 발해를 '고구려의 옛터를 회복하고, 부여의 풍습을 간직한 나라'라고 하였습니다. 무왕은 당나라 등주를 선제공격하였고, 랴오허 강을 건너 당나라의 랴오시 지역까지 공격했던 임금입니다. 당나라는 발해의 공격이 두려워서 신라에게 급히 구원을 요청할 정도였습니다.

그런데 무왕에게는 한 가지 숨기고 싶은 비밀이 있습니다. 그가 흑수말갈을 정벌하는 것을 반대한 사람이 바로 친동생인 대문예라는 사실입니다. 게다가 대문예는 형의 정책에 반대하다가 미움을 받게 되자, 적국인 당나라로 도망쳤습니다. 그러자 무왕은 당나라에 자객을 보내 동생을 죽이려고 했으나, 실패하고 말았습니다.

그것이 분하고 억울했을까요? 동생 대문예가 형을 상대로 소송을 제기했습니다. 대문예는 형인 무왕에게 흑수말갈을 공격하고, 당나라를 공격하는 것이 정말 발해를 위한 최선의 정책이었느냐고 묻습니다. 대문예의 말처럼 적과 싸워 승리하는 것만이 최선의 대외 정책일까요?

그동안 대문예는 당당한 발해인의 자세를 버리고, 나라를 배신해 당나라로 도망간 반역자, 비겁자로만 알려졌습니다. 하지만 대문예는 전쟁을 하지 않는 것이 최선의 정책이라고 말합니다. 대문예는 무왕이 당나라와 싸워 얻은 것이 없었다고 합니다. 또 고구려는 당나라와 오랫동안 싸운 결과 멸망했는데, 고구려보다 군사가 적은 발해가 당나라와 싸우는 것은 위험한 일이라고 말합니다.

과연 대문예의 주장이 옳았을까요? 아니면 당나라를 먼저 공격한 무왕의 정책이 옳았던 걸까요?

발해와 관련된 여러 인물이 증인으로 나와서 두 사람의 치열한 소송에 참여합니다. 한국사법정은 과연 누구의 손을 들어 줄까요?

김용만

차례

책머리에 | 5

교과서에는 | 10

연표 | 12

등장인물 | 14

프롤로그 | 18

미리 알아두기 | 22

소장 | 24

재판 첫째 날 **무왕은 왜 흑수말갈을 공격하려 했을까?**

1. 발해는 어떤 나라였을까? | 28

열려라, 지식 창고_정혜 공주와 정효 공주의 묘 | 41

2. 대문예는 왜 흑수말갈 공격에 반대했을까? | 43

열려라, 지식 창고_발해의 구성원, 말갈족 | 51

3. 발해와 흑수말갈은 어떤 관계였을까? | 52

열려라, 지식 창고_발해의 풍습과 특산물 | 67

휴정 인터뷰 | 68

역사 유물 돋보기_발해 공주의 무덤을 지키는 12명 | 71

재판 둘째 날 무왕은 왜 강경한 대외 정책을 폈을까?

1. 발해와 당나라는 어떤 관계였을까? | 76
2. 당나라와의 전쟁은 발해에 이익이 되었을까? | 89
열려라, 지식 창고_황제의 나라, 발해 | 95
3. 왜 무왕은 대문예에게 자객을 보냈을까? | 96
열려라, 지식 창고_발해의 건국에서 멸망까지 | 102
휴정 인터뷰 | 103

재판 셋째 날 발해의 당나라 정책은 어떻게 바뀌었을까?

1. 문왕은 왜 당나라와 평화로운 관계를 맺으려고 했을까? | 108
2. 무왕의 대외 정책은 왜 계승되지 못했을까? | 116
휴정 인터뷰 | 124

최후 진술 | 127
판결문 | 134
에필로그 | 136
떠나자, 체험 탐방! | 142
한 걸음 더! 역사 논술 | 144
찾아보기 | 148

고구려 출신 대조영은 고구려 유민과 말갈족을 이끌고 동쪽으로 와서 동모산 기슭에 도읍을 정하고 발해를 세웠다. 대조영의 뒤를 이은 무왕은 영토 확장에 힘을 기울였다. 만주 북부 지역까지 장악한 발해는 독자적인 연호를 사용하는 등 중국과 대등한 나라임을 내세웠다.

중학교	역사	

III. 통일 신라와 발해
　3. 발해의 건국과 발전
　　(1) 고구려를 계승한 발해

III. 통일 신라와 발해
　3. 발해의 건국과 발전
　　(2) 다양한 문화를 융합한 발해의 문화

발해는 고구려의 문화를 바탕으로 당의 문화를 받아들이고 말갈 문화를 흡수하여 융합적인 문화를 발전시켰다. 때문에 정혜 공주 묘로 대표되는 굴식 돌방무덤이나 온돌 유적은 고구려의 특징을 보여주는 반면, 벽돌 무덤인 정효 공주 묘는 당과 고구려의 특징을 동시에 가지고 있다.

고구려 멸망 이후, 고구려 장군 출신 대
조영은 698년 동모산에서 발해를 건국
하였다. 발해는 8세기 초 일본에 "우리는
고구려의 옛 땅을 수복하고 부여의 전통
을 이어받았다"는 내용의 국서를 보냈다.

고등학교	한국사	I. 우리 역사의 형성과 고대 국가 4. 남북국으로 나뉘어 발전하다 (2) 발해의 건국과 발전

10세기 초 동아시아에서 당이 멸망하고
거란이 요를 건국하였다. 926년에 발해
는 요의 공격으로 멸망하고 말았다. 발
해의 부흥 운동은 발해 유민들에 의해
계속되었으나 결국 성공하지 못하고, 많
은 고구려계 유민은 고려에 망명하였다.

**한국사
연표**

698년   대조영, 동모산에 진국 건국

713년   진국, 나라 이름을 발해로 고침

719년   발해, 무왕 즉위

727년   혜초, 『왕오천축국전』 지음

732년   장문휴의 발해군, 당나라 등주 공격

737년   발해, 문왕 즉위

751년   신라, 불국사 창건

766년   신라, 96각간의 난

770년   신라, 성덕 대왕 신종 만듦

818년   발해, 선왕 즉위
         전성기를 맞이해 해동성국이라 불림

918년   왕건, 고려 건국

926년   발해, 요나라의 침략으로 멸망

690년   당나라, 측천무후 즉위

711년   서고트 왕국 멸망

712년   당나라, 현종 즉위

751년   카롤링거 왕조 성립

755년   당나라, 안사의 반란이 일어남

771년   카를 대제, 프랑크 왕국 통일

843년   프랑크 왕국이 셋으로 분할됨

907년   당나라, 멸망

916년   야율아보기, 거란국(요) 건국

원고 대문예(680년경~740년경)

내가 조국, 발해를 배반한 반역자라고요? 천만의 말씀이지요. 나는 누구보다도 평화를 원했던 사람이랍니다. 발해를 생각하는 마음에 형님, 무왕이 이웃 나라를 침략하려는 정책에 반대한 것인데, 형님은 나를 죽이려고 했어요.

원고 측 변호사 도주한

한국사법정의 명변호사인 도주한 변호사입니다. 누가 뭐래도 소송은 변호사의 능력에 따라 승패가 갈리기 마련이지요. 내가 어떻게 진실을 밝히고 소송에서 승리하는지 지켜봐 주세요.

원고 참고인 **유득공**

나는 조선 시대 학자입니다. 『발해고』라는 책을 써서 발해의 역사를 널리 알렸지요. 발해는 고구려를 계승한 나라이며 우리 역사에서 아주 중요한 위치를 차지한 나라예요.

원고 측 증인 **현종**

당나라의 황제 현종입니다. 그동안 우리를 위협하던 발해에서 형제 간에 싸움이 나고, 동생 대문예가 당나라로 도망쳐 왔을 때, 나는 기쁜 마음으로 그를 받아 주었지요.

원고 측 증인 **문왕**

아버지 무왕의 뒤를 이어 발해의 제3대 왕이 된 문왕입니다. 나는 아버지와는 달리 당나라와 평화롭게 지냈답니다.

피고 **무왕**(재위 기간 : 719년~737년)

발해를 건국한 대조영의 장남인 대무예입니
다. 무왕이란 호칭답게 강력한 군대를 이끌고
흑수말갈을 공격했으며, 장문휴에게 당나라
등주를 공격하라는 명령을 내렸지요. 발해를
크게 발전시킨 사람이 바로 나랍니다.

피고 측 변호사 **강경해**

원칙을 중요하게 여기는 강경해 변호사입니다. 죄
를 지은 자가 도리어 착한 사람을 고소하는 경우는
결단코 용서하지 않을 것입니다.

피고 측 증인 아속리계

발해와 전쟁을 치른 흑수말갈의 추장입니다. 무서운 속도로 세력을 키운 발해가 우리 부족의 생존을 위협하기에 당나라와 연합한 것인데 그로 인해 발해의 공격을 받았지요. 당시 상황을 생생하게 증언하겠습니다.

피고 측 증인 장문휴

나는 발해의 장군 장문휴입니다. 발해의 요구를 무시한 채 반역자 대문예를 보호해 준 당나라에 복수하기 위해서 나는 해군을 이끌고 당나라 등주를 공격해 큰 승리를 거두었지요.

피고 측 증인 자객

나는 무왕 폐하의 명으로 대문예를 죽이려고 했던 자객입니다. 조국을 배신하고 당나라에서 잘살고 있는 대문예는 반역자이고 겁쟁이입니다.

"발해를 배신한 대문예가
나, 무왕에게 소송을 걸었소!"

　나, 강경해 변호사는 원칙을 중요하게 여기지. 선과 악은 분명하게 구분해야 한다고 생각해. 내가 살아 있을 때 지상 세계에서 검사로 오래 일해서 그런지, 나쁜 녀석들은 단호하게 죄를 물어야 한다고 보거든. 그런데 죄를 지은 녀석이 도리어 착한 사람을 고소하는 경우가 있어. 나는 그런 놈들에게는 법의 심판이 꼭 필요하다고 생각해. 이런 녀석들은 죄질이 정말 나쁘거든. 게다가 이곳, 역사공화국에 와 보니, 죽은 지 1천 년이 넘어도 자신의 잘못을 뉘우치지 못하는 영혼들이 있는 거야.

　오늘 내 사무실에 왔던 분도 자기 죄를 모르는 영혼 때문에 피해를 본 분이지. 바로 발해 제2대 무왕, 대무예 님이 내 사무실을 방문한 거야. 무왕은 발해를 강한 나라로 만든 훌륭한 임금이지. 게다가 장문휴에게 바다 건너 당나라를 공격하도록 한 것으로도 유명하잖아. 그런데 그런 분이 내게 변호를 의뢰하러 왔으니, 대체 무슨 일인지 궁금하지?

　"발해 무왕께서 무슨 일로 제 사무실을 찾아오셨나요?"
　"이거 창피해서 말도 잘 안 나옵니다. 아, 글쎄, 내 동생 대문예 말이오. 살아 있는 동안에는 나라를 배신하더니, 죽어서는 한국사법정에 나를 상대로 소송을 제기했지 뭡니까?"
　"아니, 동생이라면 무왕의 정책에 반대하다가 당나라로 도망친 발해의 역적 아닙니까?"
　"맞습니다. 그 녀석이 당나라로 도망친 후에 내가 그 녀석을 죽이려고 자객을 보냈던 일은 아시지요?"
　"그럼요, 알고말고요."
　"그 녀석이 글쎄 내가 자기를 죽이려고 자객을 보낸 것을 두고 지금까지 벼르고 있었던 모양입니다."
　"무왕께서 당나라로 자객을 보낸 것은 대문예가 먼저 발해를 배신했기 때문 아닙니까?"
　"그렇지요. 그런데 대문예 녀석은 내가 자기를 발해의 반역자로 취급한 것이 잘못이며, 자신은 발해를 위해 열심히 살아온 충신이었다고 주장하지 뭡니까? 그래서 나를 명예훼손죄로 고발하겠다나요? 또 자기를 죽이려고 자객을 보낸 것은 살인미수죄에 해당한다면서 자신의 명예를 회복시켜 주지 않으면 형사 고발도 할 수 있다고 협

박까지 하고 있답니다."

"대문예 그자는 역사공화국에서 죄를 반성하며 살고 있을 줄 알았더니, 아직까지 자신이 뭘 잘못한지도 모르고 뻔뻔하게 소송을 제기했단 말입니까?"

"허, 이거 원. 동생 잘못 둔 탓이 큽니다그려."

"알겠습니다. 제가 변호를 맡겠습니다. 꼭 승소할 테니 절 믿고 안심하십시오."

무왕이 돌아간 후, 대체 어떤 변호사가 대문예의 변호를 맡았는지 알아봤더니 바로 나의 라이벌, 도주한 변호사가 아니겠어? 도주한 변호사가 원래 이름처럼 약삭빠르기가 이만저만이 아니라서 분명한 이유가 있어야 변호를 맡는다고 알고 있는데 대체 왜 대문예를 변호하겠다고 나섰을까? 아하! 의뢰인 대문예가 자기 이름처럼 발해로 도주한 인물이라 마음이 끌렸나 보군. 흠, 그나저나 요즘 도 변호사의 명성이 꽤 높아졌는데, 이거 만만치 않겠어.

이번 소송에서 이기려면 준비를 철저하게 해야겠어. 1천 3백 년 전, 발해에서 두 사람 사이에 어떤 일이 벌어졌는지 좀 더 자세히 알아봐야지.

발해의 대무예와 대문예

신라와 나당 연합을 맺어 고구려를 멸망시킨 당나라는 고구려 유민 2만 8,000여 가호를 중국 땅으로 강제 이주시킵니다. 이때 랴오시(遼西) 지방의 영주로 옮겨 가야만 했던 대조영은 거란인이 영주 도독의 통치에 불만을 품고 반란을 일으킨 틈을 타서 영주를 빠져나옵니다.

고구려 유민, 말갈인과 함께 영주를 빠져나온 대조영은 만주 동부 지역으로 이동하여 698년 지린성 동모산 기슭에 발해라는 나라를 세웁니다. 당나라도 이미 자리를 잡은 발해를 인정할 수밖에 없었지요.

이후 대조영이 죽은 뒤 첫째 아들인 대무예가 아버지의 뒤를 이어 2대 무왕으로 즉위합니다. 무왕은 영토 확장에 힘을 기울여 북동쪽에 있는 여러 종족을 정복하여 발해의 세력을 키워 나가지요. 그러자 위협을 느낀 흑수말갈은 당나라에 보호를 요청합니다.

한편 흑수말갈의 소식을 들은 무왕은 이 기회에 흑수말갈을 정복하려고 마음을 먹습니다. 그래서 동생인 대문예에게 군대를 이끌고 흑수말갈을 공격하도록 하였지요. 무왕의 동생이었던 대문예는 발해 건국 초 당나라에 사신으로 가서, 당 황제의 곁을 지키는 숙위로 8년간 머무른 경험이 있었습니다. 그 때문에 대문예는 당나라의 강성함을 잘 알고 있었습니다. 그래서 그는 발해가 흑수말갈을 공격하면, 당나라와 사이가 나빠질 것을 우려했습니다. 무왕은 동생이 흑수말갈과의 전쟁을 승리로 이끌 것이라고 믿었지만, 대문예는 흑수말갈과 전쟁을 하지 말아야 한다고 생각했습니다. 대문예는 왕이자 형이 내린 명령을 거부하고 당나라에 망명하고 맙니다. 당나라 현종은 대문예의 망명을 크게 기뻐하며 '좌효위장군'이라는 벼슬까지 내립니다. 이 때문에 당나라와 발해는 대문예의 거취 문제를 놓고 수차례 외교 분쟁을 일으키게 되지요.

830년 경의 발해 지도

| 원고 | 대문예 | 대리인 | 도주한 변호사 |
| 피고 | 무왕 | 대리인 | 강경해 변호사 |

청구 내용

나는 발해를 건국한 대조영의 둘째 아들인 대문예입니다. 발해 제 2대 무왕인 대무예 형님을 모시고 발해를 강한 나라로 성장시키기 위해 많은 노력을 기울였지요. 하지만 나는 불행히도 형님의 명령을 어긴 탓에 반역자라는 오명을 쓰게 되었습니다. 게다가 형님은 내가 도망친 당나라로 자객을 보내 나를 죽이려고 했지요. 그렇지만 형님을 비난하기 위해 이번 소송을 제기한 것은 아닙니다. 나는 다만 내가 발해를 위해 형님의 정책에 반대했다는 사실을 분명히 밝히기 위해 소송을 제기했습니다.

당시 형님과 나는 흑수말갈을 공격할 것인지를 두고 의견이 달랐습니다. 형님은 발해에 위협이 되는 흑수말갈을 공격해야 한다고 주장했지만 나는 생각이 달랐지요. 나는 흑수말갈을 공격하면 흑수말갈을 뒤에서 돕는 당나라가 발해를 공격할 것이라고 생각했습니다. 발해보다 세력이 크고 힘이 강한 당나라가 발해를 공격한다면 발해의 앞날이 어떻게 될지 정말 걱정이 되었습니다. 그래서 형님의 대외 정책에 반대한 것인데 형님은 끝까지 나의 말을 듣지 않아 나는 결국 당나라로 갈 수밖에 없었습니다.

오랜 세월이 흘렀지만 이제라도 나의 진심을 알리고 반역자란 더러운 이름을 벗어 버리기 위해 이번 소송을 제기하게 되었습니다. 발해의 반역자 명단에서 나를 제외시키고, 나를 발해의 발전을 위해 노력한 공신으로 인정해 주기를 요청하는 바입니다.

입증 자료

- 중학교 역사 교과서
- 고등학교 한국사 교과서
  그 외 자료 추후 제출하겠음.

위 청구인 대문예
역사공화국 한국사법정 귀중

무왕은 왜 흑수말갈을 공격하려 했을까?

1. 발해는 어떤 나라였을까?
2. 대문예는 왜 흑수말갈 공격에 반대했을까?
3. 발해와 흑수말갈은 어떤 관계였을까?

교과연계

역사
Ⅲ. 통일 신라와 발해의 발전
　3. 발해의 건국과 발전
　　(1) 고구려를 계승한 발해

1

발해는
어떤 나라였을까?

"한국사법정이 아주 난리구먼. 참 별일이야."

"오늘 소송은 누가 제기했는데 그러나?"

"아, 글쎄 발해를 배신하고 당나라에 가서 높은 벼슬까지 했던 대문예가 자신은 죄가 없다며 명예를 회복해 달라고 무왕에게 소송을 했다는구먼."

"아니, 얼굴도 두껍지. 무슨 염치로 소송을 걸었대?"

"대문예는 형님인 발해 무왕을 명예훼손죄로 고발한 것도 모자라서 자신을 발해의 공신으로 인정해 달라고도 했다는군. 거참, 어떤 변호사가 이런 소송에 변호를 맡았어? 어디 얼굴 좀 보세나."

"여보게들, 거 모르면 가만히 있게. 대문예 변호를 맡은 도주한 변호사는 역사공화국에서 아주 소문난 변호사야. 도 변호사는 맡은 소송에서 대부분 이긴다니까.”

“발해에서 당나라로 도주했던 대문예와 도주한 변호사,
아주 환상의 짝꿍이 되겠군.”

“자! 조용히 하세요! 곧 판사님이 들어오십니다.”

검은색 법복을 입은 판사가 근엄한 표정을 지으며 재판
정으로 들어왔다. 재판정 한가운데 있는 높은 의자에 앉은
판사는 재판정을 휙 둘러보았다. 잠시 침묵이 흐르고 곧
판사가 입을 열었다.

판사   대문예와 무왕의 재판을 시작하겠습니다. 오늘 재판의 원고
와 피고는 발해의 임금과 그 동생으로 알고 있는데요, 재판을 본격
적으로 진행하기에 앞서 발해라는 나라에 대해 자세히 알아보면 좋
겠습니다. 그래야 재판의 내용을 더 잘 이해할 수 있을 테니까요. 그
래서 오늘 재판에 참고인 자격으로 『발해고』라는 책을 쓴 유득공을
모셨습니다. 참고인은 앞으로 나와 주세요.

판사의 말에 조선 시대 실학자인 유득공이 재판정 한가운데로 나
왔다.

유득공   안녕하십니까. 나는 조선 시대 실학자인 유득공이올시다.
발해에 대한 재판이 있으니 참고인으로 출석하여 발해의 역사를 설명
해 달라는 판사님의 부탁을 받고 이렇게 재판에 나오게 되었습니다.

유민
멸망한 나라의 백성을 말합니다.

발해에 대해 말씀드리기에 앞서 고구려의 멸망에 대해 알아야 합니다. 발해는 고구려 유민들에 의해 세워진 나라입니다. 고구려가 어떤 나라입니까! 고구려는 수나라, 당나라 등 거대한 제국들과 70여 년에 걸쳐 전쟁을 벌여 대부분 승리로 이끌었던 나라입니다. 하지만 천하를 호령하던 고구려도 오랫동안 계속되는 전쟁에 결국 지치고 말았지요. 게다가 지배층 사이에 갈등이 생기면서 668년, 당나라와 신라의 공격을 받아 멸망했습니다.

판사 　고구려의 멸망은 얼마 전 열렸던 '재판번호 09 연개소문 vs 영류왕'의 재판을 통해 익히 알고 있습니다. 그보다는 발해가 어떻게 건국되었는지에 대해 설명해 주세요. 그래야 이번 사건을 더 깊이 이해할 수 있을 것 같습니다.

유득공 　다들 알고 있는 것처럼 당나라는 고구려의 원수였습니다. ▶고구려 사람의 상당수가 당나라와의 전쟁에서 목숨을 잃었지요. 또 고구려가 망한 후에는 많은 고구려 사람이 당나라로 끌려갔습니다. 무엇보다 피고와 원고의 할아버지인 걸걸중상과 아버지 대조영은 당나라 영주로 끌려가 온갖 고생을 했습니다. 그러던 중 당나라의 핍박에서 벗어나 자유롭고 행복하게 살기 위해서는 고구려를 부활시켜야 한다는 생각을 했지요. 같은 의지를 가진 고구려의 유민들이 피고와 원고의 할아버지, 아버지를 중심으로 뭉쳤습니다.

판사 　걸걸중상과 대조영이 고구려 유민을 모아 발해를 세운 것이군요.

교과서에는

▶ 나당 연합군에 의해 고구려가 멸망하자 고구려 유민들은 이리저리 흩어졌습니다. 당나라는 많은 고구려 유민을 당나라 영주 땅으로 강제로 옮겨 살게 했지요.

러시아에 위치한 발해의 옛터

유득공　맞습니다. ▶그때 마침 영주에서 거란족이 당나라에 대항하여 군사를 일으켰습니다. 그 틈을 타 걸걸중상은 말갈족 족장 걸사비우 등과 함께 사람들을 모아 영주 땅을 탈출하여 동쪽으로 이동했고, 마침내 옛 고구려 땅에 도착했습니다. 이 과정에서 걸걸중상은 돌아가셨지요. 또 당나라는 대조영이 발해를 건국하는 것을 막기 위해 군사를 일으켜 대조영 일행을 쫓았습니다. 대조영은 천문령 전투에서 당나라 군대를 물리치고 마침내 발해를 건국할 수 있었지요. 당시 나라의 이름은 진국(震國)이었는데, 713년에 이름을 발해로 고쳤습니다. 이로써 남쪽의 신라와 북쪽의 발해가 공존하는 남북국 시대가 열리게 된 것이지요.

판사　발해는 나라를 잃고 당나라에 포로로 끌려간 고구려 사람들이 세운 나라이니까 발해 사람들은 고구려를 계승했다는 의식이 강했겠군요.

유득공　그렇습니다. 그래서 발해는 자신들이 고구려를 계승했다는 것을 다른 나라에도 널리 알렸지요. ▶▶오늘 재판의 피고인 무왕은 728년에 일본에 "발해는 고려(고구려)의 옛 영토를 회복하고 부여에서 전해 내려오는 풍속을 간직하고 있다"라고 쓴 문서를 보내기도 했어요. 그러자 일

교과서에는

▶ 거란의 추장은 당나라의 가혹한 수탈을 견디지 못하고 반란을 일으켰습니다. 랴오시 지방에 있던 대조영은 그 틈을 타서 고구려 유민과 말갈인들을 거느리고 동쪽으로 이동했지요. 당나라가 대조영의 뒤를 쫓았지만 대조영은 당나라 군대를 물리치고 발해를 세웠습니다.

▶▶ 발해는 고구려를 계승한 나라라는 것을 알리기 위해 일본에 외교 문서를 보낼 때 발해를 고구려로, 발해 왕을 고구려 왕으로 칭했습니다.

왜 발해 무왕은 당나라를 공격했을까?

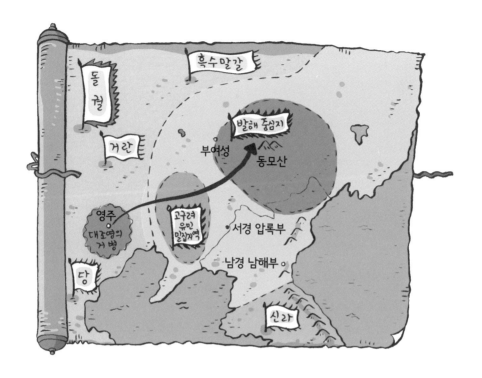

본에서도 발해에 파견하는 사신을 '고려 사신(고구려로 보내는 사신)'이라고 불렀습니다.

판사   발해 스스로뿐만 아니라, 일본도 발해가 고구려를 계승한 나라임을 인정했다는 말이군요.

유득공   무왕의 아들인 제3대 문왕 역시 마찬가지였지요. 759년, 문왕은 일본에 보낸 문서에 자신을 고려 국왕이라고 썼습니다. 발해는 옛 고구려인에 의해 건국되어, 고구려를 계승한 나라임을 널리 알린 것이지요.

판사   그렇다면 발해에는 고구려 유민들만 살았습니까?

천문령 전투
대조영 무리가 영주를 떠나 고구려 옛터로 이동하자 당나라에서는 이해고 장군을 보내 추격하게 했습니다. 698년에 대조영은 천문령에서 당나라 군대를 격파함으로써, 당나라의 방해 없이 나라를 세울 수 있게 되었지요.

유득공　아닙니다. 고구려인 외에 말갈인도 발해의 구성원이었습니다.

판사　말갈인도요?

유득공　네, 그렇습니다. ▶발해의 구성원은 크게 고구려 유민과 말갈족으로 나눌 수 있는데요, 발해는 고구려 유민이 지배층이 되어 다수의 말갈족을 지배하는 사회였습니다. 일부 말갈계 사람들이 지배층으로 편입되기도 했지만 대부분의 지배층은 고구려계 사람이었지요.

판사　흥미로운 사실이군요. 그럼 남북국 시대를 이끈 발해와 신라는 사이가 좋았나요?

유득공　발해가 건국된 직후, 발해는 신라에 사신을 보내 나라가 건국된 사실을 알렸습니다. 이후 두 나라는 수십 년간 특별한 다툼이 없었지요. 하지만 733년에 당나라가 신라를 이용해 발해를 공격하게 함으로써, 두 나라는 크게 사이가 나빠졌습니다. 이후 당나라가 계속 발해와 신라를 서로 경쟁시키는 정책을 펼쳤기 때문에 두 나라는 오랫동안 대립했습니다.

판사　두 나라는 발해가 멸망할 때까지 계속 대립했나요?

유득공　아니요. 서로 적으로 대립하기만 한 것은 아닙니다. 평화적으로 교역을 하며 우호 관계를 맺기도 했지요. 판사님은 혹시 발해에 다섯 개의 주요 교통로가 있었던 것을 알고 있나요?

판사　발해 5도를 말하는 것인가요?

유득공　네. 5도는 무왕의 아들인 문왕 때에 모두 정비가

교과서에는

▶ 발해에는 고구려 유민과 말갈인이 함께 살았습니다. 발해의 지배층은 대부분 고구려계 사람들이었으며, 이들은 관직을 차지하고 노비를 거느렸지요. 피지배층은 주로 말갈인이었는데, 이들은 고구려 때 이미 편입되었습니다.

강동 24개석: 발해의 주요 교통로 옆에는 24개의 돌이 세워져 있다. 이 돌 위에 창고 혹은 말과 수레를 빌리는 역참 시설과 같은 건물이 세워졌을 것이라고 추측한다. 발해만의 독특한 유적이다.

되었는데요, 당나라로 통하는 영주도와 등주도, 거란으로 통하는 부여도, 그리고 일본으로 통하는 일본도가 있었고, 그리고 신라로 통하는 신라도가 있었습니다. ▶신라도는 발해의 다섯 개 수도 가운데 하나인 동경 용원부(현재 옌볜 자치주 훈춘시)에서 동해안을 따라 지금의 함경도 지역인 청진, 함흥을 거쳐 원산과 덕원에 이르는 약 1,170리의 길입니다.

판사　1천 리가 넘었으면 정말 긴 길이었겠군요. 400km가 넘는 길이니까요.

유득공　네, 그래서 신라도에는 39개의 역이 설치되었습니다. 옛날에는 먼 길을 다닐 때 걷거나 말을 탔는데, 역은

교과서에는

▶ 신라도는 발해의 상경을 출발하여 동해안을 따라 신라에 이르던 교통로입니다. 이를 통해 발해와 신라가 서로 교류했음을 알 수 있습니다. 신라도는 8세기 후반부터 9세기 전반까지 자주 이용되었습니다.

탄항관문
탄항, 즉 신라의 경덕왕이 현재 북한의 함경남도 문천군에 세웠던 국경 수비 관문을 의미합니다.

신라의 5소경
신라의 소경 제도는 새로 편입된 지역의 사람들을 신라로 통합하고, 수도인 경주가 동남쪽에 치우친 점을 보강하기 위해 마련된 지방 행정 제도입니다. 국원 소경, 북원 소경, 금관 소경, 서원 소경, 남원 소경의 다섯 개의 소경이 있었습니다.

말을 갈아탈 수 있는 곳이지요. 역이 39개나 있었다는 것은 두 나라가 지속적으로 교류했다는 것을 의미합니다. 또 두 나라 국경에는 탄항관문이 만들어져 서로 왕래하기도 했으며 발해가 멸망할 위기에 이르렀을 때에는 신라에 구원을 요청하기도 했습니다. 마찬가지로 일본이 신라를 공격하려고 할 때 발해는 일본 편에 서지 않는 등, 발해와 신라는 함께 번영을 누렸습니다.

판사   계속 일본에 대한 이야기가 나오는데, 발해와 일본의 관계는 어땠나요?

유득공   발해 5도 중 하나가 일본으로 통하는 일본도인 것만 보아도 짐작할 수 있듯이 발해와 일본은 우호적인 관계를 맺고 있었습니다. 발해는 당나라, 흑수말갈, 신라 등 주변 나라들에 대항하는 입장이었기 때문에 일본과 외교 관계를 맺어 각국의 세력 경쟁에서 밀려나지 않도록 신경썼지요. 이러한 정치적인 목적 외에도 두 나라는 활발하게 교류했고, 발해의 음악, 시 등이 일본에 전해지기도 했습니다.

판사   그럼 발해의 수도는 어디였습니까?

유득공   발해는 수도를 여러 차례 옮겼습니다. 대조영이 최초로 나라를 세운 곳은 동모산인데, 이후 중경 현덕부, 상경 용천부, 동경 용원부를 거쳐 다시 상경 용천부로 수도를 옮겼습니다. 또 남경 남해부와 서경 압록부라는 두 곳의 수도를 더 두어 모두 다섯 개의 수도가 있었습니다.

판사   다섯 개라고요? 마치 신라의 5소경 같군요.

발해의 수도였던 상경 용천부의 모습(왼쪽). 발해 석등: 높이 약 6m의 대형 석등으로, 발해 상경 용천부가 있던 헤이룽장성 융안현 흥룽사 안에 있다. 석등의 크기로 볼 때 당시 절의 규모가 컸고 또한 상경 용천부에 많은 사람이 살았음을 추측하게 해 준다.

유득공   네, 발해는 신라가 5소경을 둔 것처럼 이들 지역을 지방의 중심지로 개발했지요. 그래서 발해의 유적은 이들 지역에 많이 분포합니다. 특히 가장 오랜 수도였던 상경 용천부는 현재 중국 헤이룽장성 융안현에 위치하며, 발해의 궁성 유적지가 비교적 잘 남아 있습니다. ▶왕궁 터에서는 37개의 건물 터와 정원, 우물 등이 발견되었고, 궁성의 외벽은 약 4,000m, 궁성을 둘러싼 외성은 16,297m나 되는 큰 규모였습니다. 또한 궁성 남문 앞에는 폭이 110m나 되는 큰 도로가 있었고, 이를 중심으로 관청 등 여러 건물이 바둑판 모양으로 남북으로 뚫린 도로변에 위치해 있었습니다. 상경 용천부는 계획적으로 설계된 도시였지요.

판사   중경 현덕부나 동경 용원부는 어느 지역에 있었

교과서에는

▶ 상경 용천부는 당나라의 수도인 장안을 본떠 만들어졌습니다. 평탄한 분지의 가운데 있던 상경 용천부에는 궁궐과 사원이 질서 있게 배치되어 있었어요. 외성을 쌓은 후 남북으로 넓은 길을 내고, 그 안에 궁궐, 사원을 세웠습니다.

▲ 발해 육정산 고분군: 지린성 둔화시에 있는 발해 초기 고분군이다. 발해 제3대 문왕의 딸인 정혜 공주 묘를 비롯한 왕실과 귀족의 무덤이 있다.

◀ 발해 영광탑: 현재 유일하게 남아 있는 발해의 탑이다. 지린성 창바이 조선족 자치현에 있다. 탑 아래에는 무덤이 있다.

나요?

유득공 ▶중경 현덕부는 백두산 부근인 지린성 허룽현의 서고성터로 추정되는데, 부근에서 문왕의 넷째 딸인 정효 공주의 무덤이 발견되었습니다. 동경 용원부는 현재의 옌볜 자치주 훈춘시 지역으로 추정되며, 동해로 나가기 쉬운 곳에 있습니다. 서경 압록부는 고구려의 옛 수도인 지린성 지안시 또는 보다 북쪽인 린장현 지역으로 추정되고 있고, 남경 남해부는 함경남도 함흥 혹은 북청 등으로 추정되고 있습니다.

교과서에는

▶ 발해 문왕의 둘째 딸인 정효 공주의 묘에서는 묘지와 벽화가 발굴되어 발해의 무덤 양식을 엿볼 수 있습니다. 정혜 공주 묘는 고구려처럼 굴식 돌방무덤의 형식을 갖추고 있으며, 모줄임천장 구조를 가지고 있습니다.

왜 발해 무왕은 당나라를 공격했을까?

판사　설명을 들으니 발해가 어떤 나라였는지 그림이 그려지는군요. 그런데 발해는 926년에 멸망했다고 알고 있는데요, 어떻게 멸망하게 된 겁니까?

유득공　▶925년 12월 21일 거란군은 발해의 부여부를 총공격해 왔습니다. 부여부를 3일 만에 무너뜨린 거란군은 부여부를 구하러 온 발해군 3만 명을 무찌르고 1월 9일에는 곧장 발해의 수도인 상경 용천부까지 쳐들어가 성을 포위합니다. 그리고 1월 14일 결국 발해의 항복을 받아 내었지요. 건국된 지 228년 만에 발해는 거란에게 너무도 쉽게 멸망하고 만 것입니다.

판사　아니, 발해는 사방 5천 리의 넓은 영토를 갖고 당나라와도 맞섰던 나라로 알고 있는데 한 달도 못 되어 그렇게 쉽게 거란에게 멸망하다니 아주 이상하군요. 혹시 발해에 정치적인 혼란이라도 있었습니까?

유득공　발해의 멸망에 대해서는 자세한 기록이 없습니다. 그런데 최근 들어 지상 세계에서는 발해가 어떻게 멸망했는지를 두고 역사학자들마다 다양한 주장을 하고 있다는군요.

판사　어떤 주장인가요?

유득공　발해에는 15명의 임금이 있었는데, 멸망하기 전에는 임금이 자주 바뀌었습니다. 그래서 920년대에 발해 내부에 정치적인 혼란이 있었을 것이라고 추측하는 사람들도 있지요. 또 발해와 거란이 거듭 전쟁을 벌이다가 결국 발해가 멸망한 것이라는 주장도 있습니다.

교과서에는

▶ 발해는 10세기 초에 이르러 귀족들의 권력 투쟁이 심해졌습니다. 뿐만 아니라 거란이 세력을 확대하며 발해를 위협했지요. 결국 발해는 926년에 거란의 침략을 받아 멸망하고 말았습니다.

판사   그렇군요.

유득공   그 외에도 기후 변화나 백두산의 화산 폭발 등의 이유로 발해가 망했을 거라고 생각하는 사람도 있답니다. 천하를 호령하며 고구려의 정신을 이어 가던 발해가 거란에게 너무도 쉽게 멸망당한 게 잘 이해되지 않기 때문에 그런 것이겠지요. 이 문제는 앞으로 더 연구해 보아야 할 과제라고 할 수 있습니다.

판사   발해가 멸망한 것에 대해 정말 다양한 견해가 있군요.

   왜 발해 무왕은 당나라를 공격했을까?

정혜 공주와 정효 공주의 묘

정혜 공주와 정효 공주는 발해 제3대 문왕의 딸들입니다. 정혜 공주는 둘째 딸이고 정효 공주는 넷째 딸이지요. 1949년에 정혜 공주의 무덤이, 1980년에 정효 공주의 무덤이 발견되었는데 이를 계기로 세상에 잘 알려지지 않았던 발해의 생활 양식 등 많은 부분이 함께 드러났습니다.

중국 지린성 지역에 있는 정혜 공주의 무덤은 고구려 무덤과 그 형태가 같은 것이 특징입니다. 무덤의 구조가 고구려의 돌방무덤과 똑같지요. 고구려 돌방무덤은 무덤 안에 널방이라는 커다란 공간이 있는데 정혜 공주의 무덤에도 널방이 있습니다. 그리고 모줄임천장의 형태를 띠고 있는데, 이는 널방의 네 귀퉁이에 받침대 역할을 하는 돌을 삼각형으로 놓고 천장으로 올라갈수록 넓이를 좁혀 가며 돌을 쌓는 것입니다.

정효 공주의 무덤은 지금의 중국 지린성 지역에 있습니다. 이 무덤은 소꼴을 먹이던 학생이 우연히 발견한 후 옌볜 박물관에 의해 발굴되었는데, 무덤 위에 벽돌로 만든 탑이 있는 것이 특징입니다. 발해에는 무덤에 탑을 함께 세우는 장례 풍습이 있었다는 것을 알 수 있습니다. 또한 무덤 안에는 열두 명의 인물을 그린 벽화가 그려져 있습니다. 무덤 입구에서는 묘지석이 발견되었는데, 이를 통해 발해의 역사를 자세히 알 수 있게 되었습니다. 특히 묘지석에는 정효 공주가 아버지인 문왕을 '황상'으로 불렀다는 내용이 쓰여 있는데, 이는 발해가 황제의 나라였다는 것을 뜻한답니다.

왜 발해 무왕은 당나라를 공격했을까?

대문예는 왜 흑수말갈 공격에 반대했을까?

판사　자세한 설명 잘 들었습니다. 역시 발해에 대한 책을 쓰신 분이라 그런지 설명을 잘 하시네요. 이제 본격적으로 재판에 들어가도록 하겠습니다. 원고 측 변호인, 오늘 소송에 대해 말씀해 주세요.

도주한 변호사　이번 소송은 발해 무왕과 그의 동생 대문예 사이에 벌어졌던 정책 대결에 대해 재심의를 요청하기 위해 제기되었습니다.

강경해 변호사　정책 대결이라니요? 이의 있습니다, 판사님. 원고 측 변호인은 이번 소송의 성격을 마음대로 정해 버리고 있습니다. 원고 측은 원고가 나라를 배신했다는 사실을 감추기 위해 정책 대결이란 말로 그럴듯하게 포장하고 있습니다.

판사　피고 측이 반론을 제기하는 것을 보니, 양측이 이번 소송의 성격을 서로 다르게 보고 있다는 것을 알겠습니다. 피고 측의 이의 신청을 받아들입니다. 소송의 성격은 차츰 밝혀질 터이니, 원고 측 변호인은 소송을 제기한 이유부터 밝히기 바랍니다.

도주한 변호사　　네, 판사님. 원고 대문예는 발해를 건국한 대조영의 둘째 아들로, 피고인 발해 제2대 무왕의 친동생입니다. 원고가 다른 사람도 아닌 형을 상대로 소송을 제기한 이유는, 피고가 동생인 원고를 오해하고 자객을 보내 원고를 죽이려고 했기 때문입니다. 이는 발해의 대외 정책에 대한 두 사람의 생각이 달랐기 때문입니다. 그래서 제가 정책 대결이란 표현을 사용한 것입니다. 발해의 대외 정책에 대한 의견 차이로 인해, 피고는 원고를 왕의 명령을 어긴 자라고 비난했습니다. 심지어 죽이려고까지 했지요. 그래서 원고는 당나라로 도망칠 수밖에 없었습니다.

　방청석 여기저기에서 웅성거리는 소리가 들렸다.

　"아무리 의견이 다르다고 해도 형이 동생을 죽이려고 한 건 너무한 거 아냐?"

　"오죽하면 동생을 죽이려고 했겠어? 그만큼 대문예가 잘못했다는 거지."

　재판정의 반응을 지켜보던 판사가 방청객들을 조용히 시킨 후 도주한 변호사에게 물었다.

판사　　원고와 피고의 정책이 어떻게 달랐다는 것인가요?

도주한 변호사　　발해와 당나라가 어떤 관계를 맺어야 하는지를 두

　왜 발해 무왕은 당나라를 공격했을까?

고 원고와 피고는 서로 의견이 달랐습니다. 원고는 당나라와 평화롭게 지내기를 주장했지만 피고는 당나라를 공격할 것을 고집했지요. 안타깝게도 현재까지의 역사적 평가는 너무나 일방적이었습니다. 피고인 무왕의 판단만이 옳고, 원고인 대문예는 비겁한 겁쟁이이며 나라를 배신한 자라고 평가되어 왔습니다. 하지만 원고가 왜 피고의 정책을 반대했는지를 제대로 알아주는 사람이 없었음을 되새겨 봐

야 합니다. 따라서 저는 이 재판을 통해 원고의 행동이 정당하다는 것을 밝혀 원고에 대한 잘못된 평가를 바로잡고자 합니다.

판사 음, 그러니까 원고가 일방적으로 나라를 배신했다는 지금까지의 평가가 잘못되었으니, 원고의 명예를 회복해 달라는 말이군요.

도주한 변호사 네, 그렇습니다. 판사님, 먼저 말씀드릴 것은 원고는 이번 재판에서 생전에 미처 못 했던 이야기를 하여 피고인 형님의 오해를 풀고자 하는 소망을 갖고 있다는 것입니다. 원고는 피고가 자신의 입장을 이해해 주기를 바라며, 형제 간의 우애를 회복하고 싶어 합니다.

판사 원고 측 입장을 잘 알겠습니다. 이제 피고 측 변호인의 말을 들어 보겠습니다.

강경해 변호사 저는 피고로부터 사건의 변호를 의뢰받았을 때, 피고가 이번 소송에 임하는 마음이 어떤지 들을 수 있었습니다. 피고는 동생이 1천 3백 년 가까이 묻어 두었던 이야기가 뭔지를 들어 보고 싶다고 했습니다. 하지만 그렇다고 피고가 원고를 용서할 수 있다는 것은 아닙니다. 피고가 원고를 용서할 수 없는 이유는 크게 세 가지입니다. 첫째, 임금의 명령을 거역한 것, 둘째, 적국인 당나라로 도망친 것, 셋째 당나라의 명을 받아 발해를 공격한 것입니다.

판사 음, 피고의 입장이 아주 강경하군요.

강경해 변호사 판사님, 원고와 피고는 모두 발해를 건국한 대조영의 아들들입니다. 피고는 아버지 대조영이 어떻게 발해라는 나라를 세웠는지를 너무도 생생하게 기억하고 있습니다. 당나라는 피고와 원고의 할아버지인 걸걸중상을 죽게 한 원수의 나라입니다. 그리고 새로운 나라를 세우려는 대조영을 끝까지 쫓아와서 발해를 건국하는 데 가장 큰 걸림돌이 되기도 했습니다.

판사 그렇다면 발해는 당나라에 좋지 않은 감정을 가지고 있겠네요. 그리고 원고와 피고 두 사람은 모두 당나라에서 포로 생활을 하고, 발해가 건국되는 과정도 지켜보았겠군요.

강경해 변호사 네, 물론입니다. 그렇기 때문에 피고가 원고에게 화를 내는 것입니다. 발해는 당나라의 간섭을 받지 않고 살기를 바라는 고구려 유민이 고구려를 계승하여 세운 나라입니다. 피고는 원고가 어린 시절의 기억을 잊어버린 채 당나라가 힘이 강하다는 이유로 그들의 요구를 들어줘야 한다고 주장하자 화가 났던 것입니다.

도주한 변호사 판사님, 물론 발해가 당나라에 적개심을 갖고 세워진 나라인 것은 맞습니다. 또한 원고와 피고가 모두 어린 시절 당나라에서 고생한 기억이 있는 것도 사실입니다. 하지만 중요한 것은 상황이 달라졌다는 점입니다. 발해가 건국된 시점은 698년입니다. 원고와 피고 사이에 갈등이 빚어진 것은 726년으로, 약 30년의 세월이 흘렀습니다. 원고와 피고는 더 이상 당나라에 끌려와 사는 고구려 유민이 아니라, 한 나라를 다스리는 왕과 왕의 동생이 되었습니다. 이제 두 사람에게는 국가를 운영하는 데 무엇이 도움이 될 것인지를 냉정하게 판단하는 것이 중요해졌습니다. 어린 시절의 기억 때문에 감정적으로 일을 처리해서는 안 되지요.

판사 발해를 건국했을 때와 두 사람의 의견이 갈라진 때의 상황이 달랐다는 말이군요. 피고 측 변호인은 원고 측 변호인의 말에 대해 어떻게 생각합니까?

강경해 변호사 상황이 달라진 것은 사실이지만, 발해의 기본적인 정책이 변한 것은 아닙니다. 698년, 대조영은 발해를 건국하며 당나라의 간섭을 받지 않는 나라를 만들기 위해 옛 고구려 땅 곳곳에 흩어져 살고 있던 고구려 유민들을 모두 모았습니다. 마찬가지로 발해의 건국 소식을 들은 고구려 유민들도 속속 발해에 들어와, 빠른 속도로 나라가 커졌습니다. 719년에 대조영이 죽은 후, 장남인 피고 대무예가 왕위에 올랐는데요, ▶피고는 발해의 영토를 확장하는 데 온 힘을 다하여 주변의 작은 나라들과 부족들이 모두 발해에 복종하도록 만들었습니다. 모두 발해를 위협하는 당나라와 맞서기 위한 노력의 결과였지요.

판사 음, 그러니까 피고 무왕은 당나라와 맞서기 위해 힘을 키워 발해를 고구려처럼 부강한 나라로 만들려고 했으니, 발해가 세워졌을 때부터 내려오는 기본 정책은 바뀌지 않았다는 이야기로군요.

도주한 변호사 판사님, 무조건 당나라와 맞서 싸우는 것이 발해의 기본 정책이라는 피고 측의 주장은 사실과 다릅니다. 대조영이 발해를 세운 장소에 주목해 주십시오. 발해가 처음 세워진 곳은 옛 고구려의 수도였던 평양성이나 국내성이 아니라, 그보다 훨씬 동북쪽인 동모산이었습니다. 또한 이후 발해의 수도였던 상경, 동경, 중경은 모두 옛 고구려의 중심지에서 동북쪽으로 한참 올라간 곳에 있었

교과서에는

▶ 무왕은 대조영의 뒤를 이어 발해의 임금이 되었습니다. 무왕은 특히 발해의 영토를 늘리는 데 힘을 쏟았는데, 동북쪽의 여러 세력을 복종시키고 북만주 일대를 장악했습니다.

습니다. 그것은 발해가 당나라의 공격을 받을까 봐 걱정했기 때문입니다. 대조영은 705년에 원고인 대문예를 당나라에 사신으로 보낸 적이 있는데요, 당나라에 굳이 발해의 왕자를 사신으로 보내 평화를 청한 것은 당나라가 당시 가장 강한 나라였기 때문입니다. 발해는 계속 성장하고 있었지만 아직은 힘이 부족했고, 그런 상태에서 무조건 당나라에 대항하는 것은 결코 옳은 일이 아니었습니다. 즉, 발해의 정책이 무조건 당나라에 대항하는 것은 아니었다는 말입니다.

서고성 : 발해의 세 번째 수도였던 중경 현덕부가 있던 곳으로, 백두산 동북부인 옌벤 자치주 허룽시에 있다.

판사   알겠습니다. 처음부터 원고 측과 피고 측의 입장이 크게 다르군요. 그렇다면 소송 진행을 위해 원고와 피고의 갈등이 커지게 된 사건에 대해 양측의 입장을 들어 보겠습니다.

팔련성 : 발해의 네 번째 수도였던 동경 용원부가 있던 곳으로 추정되는 팔련성은 옌벤 자치주 훈춘시에 있다. 이곳은 발해가 동해로 진출하기에 편리한 곳이기도 하다.

도주한 변호사   제가 먼저 말씀드리겠습니다. 피고가 왕위에 오른 이후로, 발해의 영토는 크게 늘어나 주변의 여러 부족들이 모두 발해에 복종할 정도였습니다. 그런데 유독 발해보다 북쪽에 있던 흑수말갈은 발해에 복종하지 않고 오히려 맞설 준비를 했습니다. 그러자 피고인 무왕 대무예는 원고를 보내 흑수말갈을 공격하게 했지요. 이때 원고는 흑수말갈을 공격하는 것이 발해에 도움이 되지 않는다고 판단하고 이 정책에 반대했던 것입니다.

판사 흑수말갈과의 관계를 두고 원고와 피고의 의견이 달랐던 것이군요.

도주한 변호사 그렇습니다. 피고는 흑수말갈과의 전쟁을 원했지만, 원고는 전쟁을 반대하는 평화주의자였습니다. 평화주의가 나쁜 것은 결코 아니지 않습니까? 이웃 나라를 무력으로 제압하는 것이 나라를 위해 항상 최선은 아닐 것입니다. 원고가 흑수말갈과 전쟁을 피하자고 주장한 것은 어디까지나 발해를 위한 것이었습니다. 그런데 실망스럽게도 피고는 생각이 다르다는 이유로 원고를 죽이려고까지 했습니다. 원고는 형이 원망스럽기는 하지만 그래도 이해할 수 있다고 말했습니다. 그러니 발해의 반역자라는 자신의 누명을 벗겨 달라고 요구하는 것입니다.

왜 발해 무왕은 당나라를 공격했을까?

발해의 구성원, 말갈족

만주 동북쪽 삼림 지역에는 농업보다는 수렵과 목축, 채집으로 생활을 하는 부족들이 살았는데, 시대에 따라 숙신, 읍루, 물길 등 다양한 이름으로 불렸습니다. 6세기부터는 말갈이라고 불렸으며, 여러 부족으로 나뉘어 있었지요.

대부분의 말갈족은 고구려의 백성이었습니다. 농사를 짓고 사는 고구려의 일반 백성과 생활 모습이 달라서 구분이 되기도 했지만, 고구려와 함께 수나라, 당나라에 맞서 싸우기도 했지요. 이들은 고구려와 운명 공동체였습니다. 그렇기 때문에 고구려 유민과 말갈족이 함께 발해를 건국할 수 있었습니다. 발해가 강성했던 시기에는 말갈의 모든 부족이 발해의 구성원이었을 정도였지요.

그러나 발해가 멸망한 후에 말갈족은 차츰 우리 겨레로부터 멀어졌습니다. 말갈의 후손이 금나라를 세운 여진족이며, 여진족의 후손이 청나라를 세운 만주족이랍니다.

3

발해와 흑수말갈은
어떤 관계였을까?

판사   그렇다면 흑수말갈과 발해의 관계를 제대로 알아야 하겠군
요. 피고 측에게 묻겠습니다. 피고는 왜 흑수말갈을 공격하려고 했
는지 자세히 설명해 주세요.

강경해 변호사   피고 무왕은 전쟁만 일삼으며 평화를 반대하는 무
모한 정복 군주가 아닙니다. 피고는 발해를 발전시키기 위해서 최선
을 다했던 임금이지요. 당시 발해가 흑수말갈을 공격했어야 하는 이
유는 너무도 많았습니다. 우선 피고는 발해 주변의 여러 작은 나라
들을 모두 합쳐서 옛 고구려의 영토를 회복하고, 발해를 강대국으로
만들려는 의지가 있었습니다. 그 과정에서 흑수말갈은 반드시 제압
해야 할 상대였던 것이지요. 게다가 흑수말갈은 당나라와 힘을 합쳐
발해를 앞뒤에서 견제하고 있었기 때문에, 흑수말갈을 꼼짝 못하게

만들어 놓아야 당나라의 위협에서 자유로울 수 있었습니다.

판사 　또 다른 이유가 있었나요?

강경해 변호사 　당시에는 흑수말갈 외에도 발해의 지배를 받던 말갈 부족들이 여럿 있었습니다. 그런데 만약 발해가 흑수말갈을 제압하지 못한다면 이웃한 여러 말갈 부족들이 발해의 힘을 믿지 못해 발해를 배신할 수 있었습니다. 이렇듯 흑수말갈은 계속해서 걸림돌이 되었습니다. 당나라의 눈치를 보느라고 흑수말갈을 공격하지 않는다면, 흑수말갈은 발해를 우습게 알고 발해를 공격해 왔을 것입니다. 그래서 무왕은 흑수말갈을 공격할 수밖에 없었습니다.

판사 　그렇다면 흑수말갈은 왜 발해의 적이 되었던 것입니까?

강경해 변호사 　판사님, 발해와 흑수말갈의 관계를 밝히기 위해 흑수말갈의 대추장인 아속리계를 증인으로 요청합니다.

판사 　좋습니다. 증인은 나와서 선서해 주세요.

　흑수말갈의 추장 아속리계가 뚜벅뚜벅 증인석으로 걸어 나왔다. 피고석에 앉은 무왕을 힐끗 쳐다본 아속리계는 한 손을 들어 선서를 했다.

아속리계 　나는 한국사법정에서 진실만을 말할 것을 선서합니다.

강경해 변호사 　먼저 증인으로 나와 주셔서 감사합니다. 제가 조금 전에 발해와 흑수말갈의 관계에서 발해의 입장을 이야기했는데요, 흑수말갈의 추장으로서 증인은 발해를 어떻게 생각했습니까?

돌궐

투르크라 불리는 터키의 조상으로, 551년경 건국되어 아시아 북부의 초원 지대에 거대한 제국을 세웠습니다. 동돌궐과 서돌궐로 나누어졌다가, 동돌궐은 630년, 서돌궐은 658년에 당나라에게 멸망했지요. 682년 다시 나라를 세워 744년까지 유목 세계의 지배자가 되었습니다. 한때 로마에서 만주에 이르는 거대한 제국을 건설하기도 했지요. 당나라에게는 최대의 적이었고, 고구려와는 전쟁도 하고 협력하기도 했지요. 발해와는 대체로 평화로운 관계를 유지했습니다.

아속리계 고구려가 멸망한 후, 그 땅의 대부분은 주인이 없는 상황이었습니다. 고구려를 멸망시킨 당나라는 고구려의 서쪽 일부와 수도였던 평양 지역을 잠깐 지배했을 뿐이고, 신라는 고구려 남부 지역을 조금 다스렸을 뿐이지요. 우리 부족은 나머지 넓은 땅에서 빠르게 성장할 수 있었습니다. 우리는 고구려의 동북쪽에 있던 흑수, 그러니까 지금의 헤이룽강을 중심으로 성장했습니다. 우리 부족은 조와 보리 등의 밭농사를 짓고 돼지를 많이 키웠기 때문에, 농사짓기 좋은 따뜻한 남쪽의 넓은 평야가 필요했습니다. 그래서 우리는 고구려가 멸망한 틈을 타 남쪽으로 영토를 넓히려고 했습니다. 그런데 대조영이 고구려의 옛 땅에 발해를 세우면서 우리 부족의 발전을 가로막았던 것이지요.

강경해 변호사 그러니까 발해는 흑수말갈의 경쟁자였다는 말이군요.

아속리계 그렇습니다. 처음에 우리는 발해와 충돌하는 것을 피하기 위해, 서쪽의 강국인 돌궐과 외교 관계를 맺는 것을 발해에 먼저 알려 주었습니다. 우리는 발해의 적이 되고 싶지 않았기에, 흑수말갈이 돌궐과 힘을 합쳐 발해를 공격할 수도 있다는 의심을 피하려고 했던 것입니다. ▶하지만 발해의 무왕이 차츰 영토를 넓히면서, 흑수말갈과 이웃한 불열부, 철리부, 월희부 등 많은 말갈 부족이 발해에 복종했습니다. 발해는 점점 우리를 위협했고 우리는 생존을 위해서

교과서에는

▶ 발해가 세력을 확대하자 위협을 느낀 흑수말갈은 당나라와 연합하고자 했습니다. 신라도 북방의 경계를 강화하며 발해를 견제했습니다.

부족의 운명을 건 선택을 해야만 했습니다.

강경해 변호사　　그 선택이 발해를 제압할 수 있는 실력을 가진 당나라의 도움을 받는 것이었지요?

아속리계　　그렇습니다. 일단, 먼저 외교 관계를 맺은 돌궐은 우리에게 별 도움이 되지 못하는 나라였어요. 그래서 나는 발해보다 더 크고 물자도 풍부한 당나라를 선택했습니다. 그리고 722년에 직접

유주

당나라 동북쪽인 현재의 베이징 일대를 포함하는 지방 행정 단위입니다. 현재의 중국 허베이성 지역으로, 발해가 공격한 당나라의 등주(산둥성)는 물론, 발해의 서쪽 지역인 랴오둥과도 가까운 지역이지요.

『신당서』

당나라에 관한 역사책으로, 당나라 멸망 후 송나라에서 1060년에 완성했습니다. 이 책에는 고구려, 신라 등 한국사 관련 내용이 많이 담겨 있으며, 특히 발해 관련 기록은 『구당서』와 함께 가장 중요한 내용을 담고 있습니다.

당나라를 방문했습니다. 우리가 먼저 머리를 숙이자, 당나라는 반가웠던지 많은 선물을 주더군요.

강경해 변호사　　그때 증인은 당나라에서 벼슬도 받았던 것으로 압니다. 하지만 그 결과 흑수말갈 내에 당나라의 행정 기관인 흑수부가 설치되었고, 흑수말갈은 당나라 유주의 감독을 받게 되지 않았습니까? 그것은 흑수말갈이 당나라의 지배를 받아들인다는 뜻이 아닌가요? 발해를 피하기 위해 당나라의 지배를 받는 것은 좋은 선택이 아니라는 생각이 드는군요. 혹 떼려다 혹 붙인 격 아닙니까?

아속리계　　아마 당나라 측 기록인 『신당서』를 본 모양이로군요. 그건 어디까지나 당나라의 일방적인 입장일 뿐입니다. 당시 당나라는 발해의 영토를 넘어 흑수말갈까지 지배할 능력이 없었습니다. 『신당서』의 기록은 당나라의 명분일 뿐이고, 실제로 우리가 당나라의 지배를 받은 적은 결코 없었답니다. 물론 나는 728년에 당나라로부터 당나라 임금의 성씨와 같은 '이씨' 성을 받았습니다. 그것은 726년에 발해가 우리를 공격했기 때문에 당나라의 도움이 더 많이 필요했기 때문이었지요. 그래서 당나라의 요구를 받아들인 것입니다. 또 당나라도 새롭게 등장한 강국인 발해를 견제하기 위해서 우리가 필요했습니다. 당나라와 우리 흑수말갈은 시대의 흐름에 따라 서로를 이용한 셈이지요.

강경해 변호사　　증인의 이러한 행동이 발해를 자극했을 것은 너무도 분명하지 않습니까?

아속리계　물론이지요. 당연히 예상하고 있었습니다. 하지만 가만히 앉아서 발해에 당하는 것보다는 당나라와 연합하는 것이 우리로서는 최선의 방법이었습니다.

강경해 변호사　그렇다면 이후 발해와 흑수말갈의 관계는 어떻게 되었습니까?

아속리계　발해는 우리를 쉽게 공격하지 못했습니다. 발해 입장에서는 우리와 손을 잡은 당나라가 신경 쓰일 수밖에 없었으니까요. 발해 무왕은 우리를 공격할 부대의 사령관을 교체하는 등 갈팡질팡하더군요. 게다가 무왕의 동생인 대문예가 우리를 공격하는 것을 반대했다고 합니다. 결과적으로 대문예 덕분에 우리는 발해와의 전쟁을 준비할 시간을 벌 수 있었지요. 그리고 발해의 공격을 막아 낼 수 있었습니다.

강경해 변호사   판사님, 증인의 증언처럼 흑수말갈은 발해의 경쟁자였고, 발해에게 위협적인 상대였습니다. 두 나라의 전쟁은 예고된 것이었지요. 그런데 증인의 말처럼 원고가 흑수말갈을 공격하는 것을 망설였기 때문에, 발해는 흑수말갈을 공격할 최고의 기회를 놓쳤던 것입니다. 원고는 발해에 해를 끼친 것이지요. 증인 신문은 이것으로 마치겠습니다.

판사   수고했습니다. 증인은 자리로 돌아가도 좋습니다.

이때 도주한 변호사가 손을 번쩍 들고 일어섰다.

도주한 변호사   판사님, 이의 있습니다. 전쟁을 해서 승리하는 것만이 나라를 위하는 것입니까? 그런 생각을 가진 사람들 때문에 지금도 지상 세계에서는 전쟁이 끊이지 않는 것입니다. 전쟁이 아닌 평화가 인간에게 행복을 가져다 준다는 것은 너무도 분명합니다. 피고 측은 원고가 전쟁을 막은 것이 발해에 해를 끼쳤다는 분명한 증거를 제시해야 할 것입니다.

판사   원고의 행동이 발해에 해가 되었는지 아닌지는 재판을 통해 밝혀질 것이니 원고 측 변호인은 흥분을 가라앉히기 바랍니다.

강경해 변호사   판사님, 피고와 원고의 잘잘못을 가리기 위해서는

왜 발해 무왕은 당나라를 공격했을까?

발해가 흑수말갈을 공격했을 당시의 상황에 대한 자세한 설명이 필요하다고 생각합니다.

판사 그렇겠군요. 강경해 변호사가 당시 상황을 설명해 주세요.

강경해 변호사 네. 흑수말갈이 당나라와 손을 잡은 것을 알게 된 후, 발해에서는 어전 회의가 열렸습니다. 이때 피고는 흑수말갈이 당나라와 만난 것은 발해를 배신하고, 당나라와 함께 앞뒤로 발해를 공격하려는 계획이 있었기 때문이라고 판단하고, 이에 대한 대책을 신하들과 의논했습니다.

판사 그런데 당나라와 흑수말갈이 만났다고 해서, 이들이 발해를 공격할 것이라고 판단한 것은 너무 성급한 것 아닙니까?

강경해 변호사 과거의 일을 살펴보면 전혀 성급한 판단이 아닙니다. 과거에도 흑수말갈과 같은 부족들이 다른 나라와 연합하여 고구려를 공격한 적이 있었습니다. 5세기 말, 고구려의 동북쪽에 있었던 물길은 세력을 키워, 고구려 몰래 북위에 사신을 보내 함께 고구려를 공격하자고 제안했습니다. 이때 북위는 고구려의 편이었기 때문에 싫다고 했어요. 그러나 고구려는 이 일로 큰 충격을 받았지요. 하나의 적이 아니라, 앞과 뒤를 동시에 공격해 오는 양쪽의 적과 맞서야 하는 상황은 반드시 피해야 하기 때문입니다. 그래서 고구려는 물길을 공격하여 그들을 제압했습니다.

어전 회의
임금님 앞에서 중요한 벼슬아치들이 모여 나라의 일을 함께 의논하는 회의입니다.

물길
고구려 동북쪽에 위치하며, 부락 단위로 생활했던 부족입니다. 494년 북부여를 위협하여, 북부여가 고구려에 항복해 오는 원인을 제공하기도 합니다. 6세기 중엽부터는 물길 대신에 말갈이란 이름이 등장하는데 물길이 말갈의 다른 이름이라고 보기도 합니다.

북위
북부 중국에 있었던 나라로, 5세기에는 고구려, 유연, 송나라 등과 함께 동아시아 4대 강국 중 하나였습니다.

속말말갈

만주 중부에 위치한 송화강 주변에 살던 말갈족으로, 고구려를 구성한 부족 중 하나였습니다.

판사   과거에 그런 일이 있었군요.

강경해 변호사   그뿐만이 아닙니다. 6세기 말, **속말말갈**의 추장 돌지계가 반란을 일으킨 적도 있었지요. 그는 수나라로 도망가서 함께 고구려를 공격하자고 제안했습니다. 이처럼 흑수말갈이 했던 것과 비슷한 일이 과거에도 많았기에 피고 무왕은 경계를 늦출 수 없었지요.

판사   그러니까 고구려나 발해의 동북쪽에 있던 세력들이 서쪽에 있는 북위나 수, 당나라 등의 중국 세력과 연합하는 것은 고구려나 발해에게 커다란 위협이 되었다는 이야기로군요.

강경해 변호사   그렇습니다. 그래서 피고는 결단을 내린 것입니다. 피고는 언제 발해를 공격할지 모르는 흑수말갈을 그냥 두어서는 안 되겠다고 판단했지요. 저들이 다시는 발해를 위협하지 못하도록 흑수말갈을 정벌해서 발해의 힘을 보여 주겠다고 선언했습니다. 그리고 피고는 흑수말갈을 공격할 사령관의 임무를 원고에게 맡겼습니다.

판사   이때 원고가 피고의 결정에 반대했겠군요.

도주한 변호사   판사님, 그에 대한 답은 오늘 사건의 주인공인 원고를 직접 불러 이야기를 들어 보고자 합니다.

판사   허락합니다. 원고 대문예는 앞으로 나오세요.

판사의 허락을 받은 대문예가 재판정 앞으로 나오자 방청석이 시끄러워졌다.

"대문예가 직접 증언하는 거야?"

"이거 점점 재판이 흥미진진해지는걸."

대문예 　안녕하십니까? 나는 발해를 세운 대조영의 아들이자 저기 앉아 있는 무왕의 동생 대문예입니다. 우리 형제의 싸움과 갈등을 아버지께서 보신다면 매우 슬퍼하시겠지요. 그래서 나는 이 상황을 피하기 위해 항상 노력했습니다. 판사님이 얘기하셨듯이 나는 형님에게 간곡하게 말씀을 드렸지요. 흑수말갈이 당나라로부터 벼슬을 받았다고 해서 우리가 그들을 바로 공격한다면, 이것은 당나라와 싸우겠다는 선전 포고나 다름없다고 말입니다. ▶고구려 시대에도 당나라는 고구려가 당나라와 손잡은 신라를 공격했다는 것을 이유로 고구려를 공격한 적이 있습니다. 마찬가지로 우리가 흑수말갈을 공격한 것을 핑계 삼아 당나라가 발해를 공격하면 어찌 되겠습니까? 하지만 형님은 내 말을 듣지 않았습니다.

　한쪽에서 동생 대문예의 발언을 지켜보던 무왕이 못마땅하다는 듯 자리에서 일어났다.

무왕 　판사님, 동생은 장차 당나라와 흑수말갈이 연합하여 우리를 공격해 올 것이 두려워서 흑수말갈 공격을 반대했습니다. 동생은 당나라가 두려웠던 것입니다. 하지만 한번 생각해 보십시오. 과거 고구려가 먼저 신라를 공격하여 완전히 멸망시켰다면, 신라와 당나라의 연합군에 고구려가 멸망하는 일은 없었을 것입니다. 당나라가 신라의 도움 없이 혼자 고구려를 공격하여 멸망시킬 수는 없었을 테니까요. 나는 당시 어전 회의에서 당나라와 흑수말갈은 언제 우리에게 칼을 겨눌지 모르는 적이니, 지금 흑수말갈을 공격하지 않으면 뒷날 큰 화를 불러올 것이라고 강조했습니다.

대문예　판사님, 나는 현실을 똑바로 봐야 한다고 주장했습니다. 당나라와 발해는 평화로운 관계를 맺고 있었는데, 흑수말갈 문제로 서로 원수가 될 필요는 없었습니다. 흑수말갈을 공격한다면 당나라와의 전쟁도 피할 수 없을 것이고, 그것은 발해를 멸망시키는 길이 될 수도 있었습니다. 지난날 고구려는 강성하여 30만 군사를 일으켜 당나라와 싸웠으나, 당시 발해의 군사 수는 고구려의 3분의 1에 불과했습니다. 고구려도 당나라에 멸망했거늘, 발해가 어찌 당나라와 싸워 이길 수 있겠습니까? 나는 지금도 발해가 흑수말갈을 공격한 것은 옳지 않았다고 생각합니다.

대문예의 말이 끝나기 무섭게 형인 무왕이 주먹으로 책상을 쾅 하고 치며 소리쳤다.

무왕　아직까지도 너는 그런 나약한 소리를 내게 늘어놓는 것이냐? 당나라가 발해를 공격한다고 하더라도 우리는 자랑스러운 조상님인 을지문덕, 연개소문 장군처럼 당나라와 싸워 이겼을 것이다. 고구려가 망한 것은 안에서 서로 다투고, 배신자가 생겼기 때문이다. 너는 대체 무엇이 두려웠던 것이냐? 선왕이신 아버님이 발해를 세울 때를 생각해 보아라. 당나라가 두렵다면 어찌 발해를 세우고, 다스릴 수 있었겠느냐? 우리 발해가 당나라의 눈치나 보고, 흑수말갈에게도 침략이나 당하는 약한 나라로 남는 것에 만족해야 한다는 것이냐?

판사 자, 피고는 흥분을 가라앉히고 자리에 앉으십시오. 그럼, 피고 측 변호인에게 다시 묻겠습니다. 두 사람의 입장이 이렇게 갈렸는데, 그 이후의 상황은 어찌되었습니까?

강경해 변호사 무왕은 원고 대문예의 주장을 받아들이지 않고 흑수말갈을 공격할 것을 강력하게 주장했습니다. 결국 흑수말갈을 정벌할 군대가 떠나게 되었습니다. 이때 원고는 흑수말갈 정벌군 사령관의 자격으로 군대를 이끌고 국경 지대까지 갔습니다. 그런데 원고는 형인 무왕의 명령을 어기고 사령관으로서의 임무를 다하지 않았습니다. 흑수말갈을 공격하는 것은 분명 무왕과 신하들이 함께 의논하여 결정된 것이거늘, 왕의 명령을 따르지 않은 것입니다.

원고는 국경 지역에서 또다시 정벌에 반대하는 상소를 올리고, 흑수말갈 공격을 미루었습니다. 이것은 반역이자 배반입니다. 게다가 신하 된 자로서 해서는 안 되는 일입니다. 만약 원고가 흑수말갈 정벌을 받아들일 수 없었다면, 군대의 사령관을 맡지 말았어야 했습니다.

판사 원고가 피고의 명령을 거역한 것이군요.

강경해 변호사 그렇습니다. 피고로서는 크게 화를 낼 수밖에 없었지요. 판사님도 잘 아시겠지만, 한번 원정군을 꾸려 출발하려면 비

왜 발해 무왕은 당나라를 공격했을까?

용이 엄청나게 듭니다. 또한 전쟁을 일으킨다는 것은 나라의 가장 중요한 일이고요. 그런데 전쟁을 하기 위해 떠난 군대가 전쟁을 못 하겠다고 주저앉으면, 어떤 임금이 이를 받아들이겠습니까? 원고는 국경 지대에서 흑수말갈 공격을 망설임으로써 발해에 엄청난 피해를 주었습니다. 원고는 전쟁을 두려워한 겁쟁이입니다.

도주한 변호사   판사님, 이의 있습니다. 원고는 어전 회의에서 분명히 전쟁을 반대했습니다. 하지만 피고가 윽박질러 원고를 전쟁터로 내몬 것입니다. 흑수말갈과의 전쟁이 발해에 도움이 되지 않는다고 여긴 원고는 마지막까지 나라를 위하는 충성스런 마음으로 피고에게 상소를 올린 것입니다. 원고를 겁쟁이라고 비난하는 것은 부당합니다.

판사   네, 이의를 받아들입니다. 피고 측은 발언에 주의하세요.

도주한 변호사   판사님, 게다가 피고는 원고가 자신의 정책에 반대했다는 이유로 동생인 원고를 죽이려고 했습니다.

판사   피고는 원고가 흑수말갈을 공격하는 것을 반대했기 때문에 친동생인 원고를 죽이려고 한 건가요?

강경해 변호사   판사님, 그렇지 않습니다. 피고는 이때 원고를 죽일 생각을 하지 않았습니다. 원고는 흑수말갈 공격을 포기하자는 자신의 의견이 받아들여지지 않자, 더 이상 발해에서 설 자리가 없음을 알고 당나라로 도망쳤습니다. 그리고 당나라에서 벼슬까지 받으며 죄책감도 느끼지 않고 편안히 살았습니다. 그런 자를 가만히 두어서는 안 되겠지요.

도주한 변호사   아닙니다, 판사님. 피고는 임금의 권위를 이용해 동생의 정당한 비판을 들으려고 하지 않았습니다. 끝까지 피고의 명령에 반대했기 때문에 원고는 생명의 위협까지 받게 된 것이지요.

판사   자, 원고 측과 피고 측, 모두 진정하기 바랍니다. 다음 재판에서 좀 더 자세히 논의하는 것이 좋겠습니다. 오늘 재판에서는 흑수말갈 공격에 대한 양쪽의 의견 차이를 확인할 수 있었습니다. 그럼 첫 번째 재판은 이것으로 마치겠습니다.

땅, 땅, 땅!

발해의 풍습과 특산물

발해에 대한 기록은 중국과 일본 사람들이 남긴 것이 대부분이며, 발해인 스스로는 역사책을 남기지 못했습니다. 중국인은 발해인을 강인한 사람이라 생각했지요. 그래서 발해인 셋이면 호랑이를 당해 낸다고 할 정도로, 발해인 은 굳센 사람들이라고 말했습니다. 또 발해 사람들은 부여, 고구려 사람들과 마찬가지로 춤추고 놀기도 좋아하는 흥겨운 사람들이었습니다.

발해의 특산물은 미타호의 붕어와 게, 솔빈부의 말, 막힐부의 돼지, 부여부 의 사슴, 태백산의 토끼, 남해부의 다시마, 환도의 오얏(자두), 노성의 쌀 등 자연물도 있었고, 발해 지역이 원산지인 콩을 이용해 만든 책성의 된장, 뛰어 난 옷감 생산 기술을 갖춰 용주의 비단과 현주의 삼베 등도 유명하지요. 또한 위성의 철은 발해의 강성함을 뒷받침하는 중요한 자원이었습니다. 아울러 담 비 가죽과 인삼 등은 일본에서 인기가 높은 발해의 중요한 수출품이었다고 합니다.

다알지 기자

　　여러분, 안녕하세요? 역사공화국 법정 뉴스의 다알지 기자입니다. 저는 요즘 역사공화국에서 큰 화제가 되고 있는 발해 무왕 대 대문예 형제 간의 재판이 열린 한국사법정에 나와 있습니다. 오늘 있었던 첫날 재판에서 원고 측은 피고 무왕이 흑수말갈 공격을 고집한 것이 발해의 발전에 도움이 되지 않는 정책이었다고 비판했습니다. 반면 피고 측은 발해가 당나라를 의식하여 흑수말갈을 공격하지 않는다면 발해는 발전할 수 없으므로, 피고의 주장은 옳지 않다고 반박했습니다. 흑수말갈의 추장 아속리계는 증인으로 나와 당시 발해가 흑수말갈을 위협해서 당나라와 손을 잡을 수밖에 없었다고 증언했지요. 원고와 피고의 갈등이 흑수말갈 공격에서 비롯된 만큼, 오늘 재판에서도 치열한 공방이 펼쳐졌는데요, 그럼, 이 자리에 재판의 주인공인 무왕, 대문예 형제를 모시고 소감을 들어 보도록 하겠습니다.

왜 발해 무왕은 당나라를 공격했을까?

무왕

나는 대문예와 나를 형제라고 부르는 것 자체가 싫습니다. 내가 너무 매정한가요? 우리가 비록 피를 나눈 형제이긴 하지만, 나는 아직도 대문예를 용서할 수가 없습니다. 역사공화국에 와서까지 나를 상대로 소송을 제기한 걸 보면, 대문예는 아직도 반성은커녕, 자기 죄가 무엇인지도 모르고 있는 것이 분명합니다. 나는 대문예를 용서할 수 없으며, 발해의 반역자인 그가 큰 벌을 받아야 한다고 믿습니다. 발해를 위해서 흑수말갈과의 전쟁을 반대했다는 것은 비겁한 변명일 뿐입니다. 혹시나 대문예가 조금이라도 뉘우치고 있지는 않을까 하는 기대를 갖고 이 자리에 왔지만, 더 큰 실망만 하게 되었네요.

대문예

형님은 예나 지금이나 여전하십니다. 그 고
집은 누구도 꺾을 수가 없어요. 유연하게 생각
하지 않고, 별 이익도 없는 전쟁을 일으켰던 형님이
과연 발해를 위하는 임금이었을까요? 나는 비겁한 사람이 아니라, 평
화를 사랑하는 사람이며 백성의 안전을 더 중요하게 생각했습니다. 임
금이라면 마땅히 백성이 평화롭게 살도록 해야 옳지 않습니까? 무조
건 전쟁을 하자는 형님의 정책에 반대한 것이 왜 잘못이란 말입니까?
생명의 위협을 무릅쓰고 용기내어 충고한 나를 아직도 겁쟁이 취급하
다니, 정말 억울하군요. 하지만 형님의 정책이 잘못되었다는 것은 앞
으로의 재판에서 분명하게 밝혀질 것입니다. 이번 재판을 통해 나의
명예가 회복되기를 기대합니다.

왜 발해 무왕은 당나라를 공격했을까?

발해 공주의 무덤을 지키는 12명

발해 문왕의 넷째 딸 정효 공주의 무덤은 고구려에서 유행하던 굴 모양이 아닌 벽돌로 쌓은 것이 특징입니다. 발해의 무덤 양식을 잘 보여 주고 있지요. 정효 공주의 무덤 벽면에는 12명의 인물이 그려져 있는데, 이들을 통해 발해의 문화를 한번 살펴볼까요?

2명의 무사

12명의 인물 중 2명은 공주를 지키는 무사예요. 입구에 마주보고 서 있는 두 사람은 갑옷을 입은 채 문을 지키고 있지요. 허리에는 띠를 두르고 있고, 검은색 신을 신고 있어요. 어깨에 걸친 것은 무기의 하나인 철퇴로 보입니다.

2명의 시위

문지기 무사를 지나 만나는 2명의 인물이 바로 '시위'예요. 임금이나 우두머리를 모시어 지키는 사람을 말하지요. 오른쪽 허리에 칼과 화살통을 차고 있으며 관리들이 쓰던 모자의 한 종류인 말액을 머리에 두르고 있습니다.

3명의 악사

무덤 가까이에 있는 서쪽 벽에는 세 명의 악사가 그려져 있어요. 악사는 악기를 연주하는 사람으로, 각각 박판, 공후, 비파류의 악기를 들고 있지요. 박판은 여섯 개의 얇고 긴 판을 모아 한쪽 끝을 끈으로 꿰어, 폈다 접었다 하며 소리를 내는 악기이고, 공후는 하프와 비슷하게 생긴 동양의 옛 현악기를 말해요. 그리고 비파 역시 현악기로 타원형이랍니다.

2명의 시종

북쪽 벽에는 2명의 인물이 그려져 있는데, 시종이에요. 허리에 화살통을 차고 어깨에 활로 보이는 것을 매고 있지요. 시위와 더불어 공주를 가까이에서 지키는 인물로 보입니다.

3명의 내시

동쪽 벽에 그려진 3명의 인물은 내시들로 검은색 모자에 붉은색 또는 푸른색의 옷을 입었어요. 검은색 대를 허리에 두르고 양손을 모아 무엇인가를 들고 있는 모습이에요. 손에 들고 있는 것은 천으로 감싸져 있지요.

출처: 속초시립박물관(https://sokchomuse.go.kr)

무왕은 왜 강경한 대외 정책을 폈을까?

1. 발해와 당나라는 어떤 관계였을까?
2. 당나라와의 전쟁은 발해에 이익이 되었을까?
3. 왜 무왕은 대문예에게 자객을 보냈을까?

교과연계

한국사
Ⅰ. 우리 역사의 형성과 고대 국가
  4. 남북국으로 나뉘어 발전하다
    (2) 발해의 건국과 발전

1

발해와 당나라는
어떤 관계였을까?

재판 둘째 날, 원고 대문예와 피고 무왕의 눈빛은 더욱 날카롭고 매서웠다. 두 사람 모두 형제 관계를 떠나 재판에서 반드시 이기고 말겠다는 의지로 가득해 보였다. 이윽고, 판사가 재판의 시작을 알리기 위해 말문을 열었다.

판사 　무왕과 대문예의 두 번째 재판을 시작하겠습니다. 오늘 재판에서는 발해가 당나라를 공격한 것에 대해 양측의 주장을 들어보겠습니다. 발해 역사 가운데 가장 인상적인 장면이 726년에 흑수말갈을 공격하고, 이후 732년에 당나라 등주를 공격한 것이겠지요. 한국사에서 가장 두드러진 해외 원정으로 평가받는 등주 공격에 대해 궁금한 것이 많았습니다. 이 자리에 등주 공격을 명령한 당사자인 피고가 나와 있으니 좀 자세하게 들었으면 합니다. 피고가 당시 가장 강한 나라였던 당나라를 공격하라고 명령한 이유는 무엇인가요?

강경해 변호사　그 이유를 말하기 전에 우선 발해와 당나라의 관계를 먼저 말씀드리겠습니다. 지난 재판에서도 설명했지만 발해를 건국한 대조영은 당나라 군대를 물리치고 나라를 세웠습니다. 당나라는 분명 적국이었지만, 발해는 건국 초기부터 당나라와 싸우느라 힘을 낭비할 수는 없었지요. 그보다는 옛 고구려 지역에 있는 여러 세력들을 제압하고 이들을 발해에 흡수하는 것이 우선 과제였습니다. 그런데 마침 당나라에서 사신을 보내 사이좋게 지낼 것을 제의했고, 이에 따라 발해에서도 당나라에 사신을 보내 평화로운 관계를 맺고자 했습니다.

판사　원고와 피고의 부친인 대조영이 당나라와 평화로운 관계를 맺기를 원했다는 말입니까?

강경해 변호사　그렇습니다. 705년 당나라에는 큰 정치적 변화가 있었습니다. 측천무후가 죽고, 중종이 권력을 장악한 것이지요. 또 당나라가 발해의 건국을 막지 못한 이유 가운데 하나는 당나라와 발해 사이에 위치한 돌궐, 거란, 해 등의 유목 민족 때문이었습니다. 당나라는 당시 북방 초원의 강자인 돌궐과 대립하고 있었고, 돌궐과 연합한 거란 등의 유목 민족을 제압하려고 노력하고 있었습니다. 따라서 당나라는

측천무후
중국의 유일한 여성 황제입니다. 당나라 고종의 황후였던 측천무후는 690년에 나라 이름을 '주'로 고치고 황제가 되어 705년까지 나라를 다스렸어요.

거란
4세기 말 이후에 등장한 거란은 현재의 랴오시 지방과 동몽골 지역에서 유목 생활을 하던 유목민이었습니다. 이들은 몽골 초원의 유목 제국, 중원의 수·당, 그리고 동방의 고구려 사이에 끼어서 눈치를 보며 살았지요. 차츰 세력을 키운 이들은 야율아보기가 여러 부족을 통일하여 916년 요나라를 세우면서 빠르게 성장했습니다. 그리고 926년에 발해를 멸망시킨 후, 다시 서남쪽으로 송나라를 누르고 황허 일대까지 영토를 넓혀 대제국을 만들었습니다. 1125년, 여진족이 세운 금나라에게 멸망당했습니다.

해
해족은 거란보다 북쪽에서 유목 생활을 하던 유목민으로, 거란족과 생활 풍습이 비슷합니다. 초기에는 거란보다 힘이 컸지만, 거란이 성장하면서 거란족에 흡수되어 요나라의 주요한 구성원이 되었습니다.

발해도 적으로 삼고 싶지 않았던 것입니다.

판사　그렇다면 피고가 임금이 된 이후에도 당나라와 평화로운 관계를 유지했나요?

강경해 변호사　네, 그렇습니다. 무왕도 처음에는 당나라와 맞서기보다는 당나라가 발해를 위협하는 것만 막으려고 했습니다. 당시 당나라는 거란, 해 부족의 뒤편에 위치한 발해와 사이좋게 지내면 발해가 거란 등을 견제해 줄 것이라고 기대했지요. 이런 당나라의 의도를 잘 알고 있던 무왕은 당나라가 발해를 이용하려는 것만큼, 발해도 당나라를 이용하려고 했습니다. 당나라와 당분간 전쟁을 하지 않고 힘을 키워 발해를 더 큰 나라로 만들고자 했던 것이지요. 그래서 720년 당나라가 함께 거란을 공격하자고 제안했을 때 무왕은 이를 거절했습니다. 당나라와 평화롭게 지내기는 하지만, 당나라에게 이용당할 수는 없었기 때문이지요. 당나라가 거란을 제압하고 나면, 결국 발해를 넘볼 것이 불을 보듯 뻔한 일 아니겠습니까?

판사　당나라가 제의를 거절한 발해를 그냥 두지는 않았을 것 같은데요?

강경해 변호사　당나라는 군사를 동원해 발해를 위협하기보다는 이이제이(以夷制夷) 작전을 펼쳤습니다. 이이제이란 오랑캐로 오랑캐를 제압한다는 것으로, 중국이 이민족을 제압할 때 쓰던 작전입니다. 당나라는 제 힘을 들이지 않고, 흑수말갈이 당나라의 적인 발해를 견제하도록 만들었지요. 또 발해와 신라를 이간질시켜, 두 나라가 힘을 합해서 당나라를 위협하는 일이 벌어지지 않게 만들기도

했습니다. 지난 재판에서 흑수말갈의 추장인 아속리계가 증언했듯이, 발해가 여러 말갈 부족을 통합하며 세력을 키우자, 말갈의 한 부족으로 강한 병사를 많이 거느리고 있던 흑수말갈은 위협을 느꼈습니다. 그러자 아속리계는 당나라를 찾아갔고, 당나라는 발해 뒤편에 있는 흑수말갈에 관리를 파견해 흑수말갈을 도왔습니다.

판사   그러니까 당나라의 입장에서는 돌궐, 거란 등을 견제하기 위해 발해를 이용하려다가 발해가 말을 듣지 않자, 이번에는 발해를 견제하기 위해 흑수말갈을 이용했다는 이야기로군요.

강경해 변호사　　그렇습니다. 그렇기 때문에 무왕은 당나라의 이런 도발적인 행동을 그냥 둘 수 없어서 먼저 흑수말갈을 공격한 것입니다.

판사　　그래서 원고가 흑수말갈을 공격하면 당나라와의 싸움을 피할 수 없을 것이라며 걱정했군요. 그럼 발해는 흑수말갈을 공격하면서 당나라와의 전쟁도 함께 준비했겠네요?

강경해 변호사　　발해는 흑수말갈과 당나라를 동시에 공격하지는 않았습니다. 두 나라를 한꺼번에 상대하는 것은 어리석은 일이지요. 흑수말갈을 공격하는 작전은 쉽게 끝날 일이 아니었어요. 또한 당시 당나라에는 발해의 사신들이 많이 가 있었습니다. 특히 흑수말갈을 공격하기 전인 726년 11월에는 태자인 대도리행이 당나라에 있었습니다. 태자가 당나라에 있는 동안 당나라를 공격할 수는 없지 않겠습니까? 그런데 대도리행 태자가 728년 4월에 당나라에서 그만 죽고 말았습니다.

판사　　태자가 당나라에서 죽었다니 보통 일이 아니었겠군요. 그런데 이때는 원고가 당나라에 도망가 있었던 때가 아닌가요?

강경해 변호사　　그렇습니다. 갑작스런 태자의 죽음에는 여러 가지 의문점이 있습니다. 피고인 무왕도 태자가 죽은 원인을 궁금해했지요. 게다가 그때는 원고 대문예의 무리들이 당나라에서 대도리행 태자를 죽이고, 대문예를 왕위에 앉히려는 음모가 있다는 이야기가 퍼진 때였습니다. 그래서 태자의 죽음이 아무래도……

판사　　태자 대도리행의 죽음이 원고와 관련이 있다는 말입니까?

도주한 변호사　　판사님, 이의 있습니다. 피고 측 변호인은 아무 증거도 없이 피고를 모함하고 있습니다.

강경해 변호사　　판사님, 도둑이 제 발 저린다고, 저는 그저 당시 있었던 이야기만을 했을 뿐인데 원고 측에서 괜히 흥분을 하네요. 찔리는 데가 있나 보죠?

도주한 변호사　　판사님, 원고는 태자의 죽음과 전혀 관련이 없습니다. 당나라에 있던 태자가 죽으면 의심의 화살이 당연히 당나라로 도망친 원고에게 향할 텐데, 원고가 설마 태자를 죽이겠습니까?

판사　　들고 보니 그 말도 일리가 있군요.

도주한 변호사　　판사님이 알아 두셔야 할 사실이 또 한 가지 있습니다. 피고 무왕은 대도리행이 당나라에 있는 동안 자신에게 혹시나 무슨 일이 생겨서 태자가 왕이 되지 못할까 봐 늘 걱정했습니다. 그래서 다음 왕위를 계승할 유력한 후보자인 동생 대문예를 견제했지요. 동생보다는 역시 아들이 우선이었나 봅니다. 흑수말갈 공격을 반대하는 원고를 굳이 사령관으로 임명해 전쟁터에 내보낸 것도 그러한 이유 때문입니다. 그렇지 않고서야 전쟁을 반대하는 원고를 죽을 수도 있는 전쟁터에 일부러 보낼 리가 없지요. 게다가 피고는 당나라에 원고를 죽이라고 요구했습니다.

판사　　왕위 계승 문제까지 관련이 있다면, 피고가 원고를 죽이려는 이유가 생기긴 하는군요.

도주한 변호사　　그렇습니다. 그래서 당시 당나라 상황을 가장 잘 아는 당나라 현종을 증인으로 신청하고자 합니다.

판사   좋습니다. 증인은 나와 주십시오.

당나라의 황제 현종이 등장한다고 하자, 재판정은 술렁이기 시작했다. 화려한 옷을 입은 현종이 증인석에 앉았다.

현종   나는 사실만을 말할 것을 선서합니다.

판사   원고 측 변호인, 신문하십시오.

도주한 변호사   증인은 당시 당나라 황제로 즉위한 후, 발해와 평화로운 관계를 맺으려고 노력했다고 알려져 있습니다. 발해와 전쟁을 하지 않고 평화를 유지한 이유는 무엇입니까?

현종   당나라가 워낙 강한 나라이다 보니 주변에 적들이 많았습니다. 그래서 당장 싸워야 할 적이 아닌 발해와는 사이좋게 지낼 필요가 있었어요. 발해가 국경을 넘어 당나라를 침략해 오지 않는 이상 굳이 먼저 전쟁을 일으킬 마음은 없었지요.

도주한 변호사   그런데 발해의 태자 대도리행은 왜 당나라에 머물고 있었습니까?

현종   당시 당나라에는 여러 나라에서 사신으로 왔다가, 내 곁에서 머물며 가끔씩 자기 나라의 상황을 말해 주는 숙위라고 불리는 자들이 있었습니다. 각 나라의 왕자나 귀족들을 내 곁에 둠으로써 나는 다른 나라가 당나라에 침략해 오는 것을 미리 막을 수 있었지요. 볼모라고 해도 좋습니다. 당나라에서 다른 나라에 숙위로 머물자를 보내라고 요구하기도 했지만, 그 반대로 다른 나라에서 자발적으로 숙위로 지낼 사람을 보내는 경우도 많았습니다. 대도리행은 자발적으로 왔던 경우입니다. 대도리행 외에도 발해에서 온 숙위들이 꽤 있었지요.

도주한 변호사　　그렇다면 발해에서 보낸 숙위들은 당나라에 얼마나 머물렀습니까?

현종　　각 나라에서 숙위를 교대할 사람을 언제 보내느냐에 따라 달라집니다. 발해의 경우 705년에 처음 당나라와 국교를 맺을 때에 숙위로 대문예를 보내왔습니다. 그리고 718년에는 대술예를, 725년에는 대창발가를 보냈는데, 모두들 왕의 아들이거나 동생이었습니다. 그리고 726년에는 무왕의 아들인 대도리행을 보내왔습니다.

강경해 변호사　　그렇다면 왜 대도리행이 죽은 것입니까?

현종　　나도 그건 모릅니다. 발해의 태자가 죽은 것은 당나라에서도 큰 문제가 되었기에, 관리를 시켜 장례를 치르게 하고, 관을 만들어서 발해로 보냈습니다. 대도리행이 죽은 후, 발해 무왕은 729년에 자신의 친척 동생들 대호아와 대림 등을 당나라에 사신으로 보내왔고, 그들은 숙위로 당나라에 머물기도 했습니다.

도주한 변호사　　잠깐만요. 대문예가 당나라로 가고, 태자가 죽은 후에도 발해가 계속 당나라에 사신을 보내 숙위로 머물게 했다면, 당나라에 대한 발해의 기본적인 정책은 바뀌지 않았다는 뜻이군요?

현종　　그렇습니다. 발해의 태도가 갑자기 바뀌지는 않았습니다.

도주한 변호사　　그렇다면 피고 측 변호인이 태자의 죽음과 대문예를 관련시키는 것은 억지라고 할 수 있겠네요. 만약 대문예로 인해 태자가 죽었다면, 발해가 당나라에 크게 불만을 나타냈겠지요.

현종   신하들이 내게 보고를 안 했는지는 모르겠지만, 발해가 태자의 죽음을 놓고 공식적으로 항의한 적은 없는 것으로 압니다.

도주한 변호사   증인에게 묻겠습니다. 발해에서 수시로 사신을 보내고, 또 왕의 친척들을 숙위로 보내 당나라에 머물게 했는데 왜 발해에서 도망친 대문예를 받아 주었던 것입니까? 또 무왕이 대문예가 도망치자 사신을 보내 대문예를 죽여 달라고 했는데, 왜 이를 거절했습니까?

현종   나는 당나라 황제입니다. 내 입장에서 보면 발해가 강해지는 것보다는 자기들끼리 싸우는 모습을 보는 게 훨씬 신 나는 일입니다. 발해가 강해지면 우리 마음대로 발해를 조정할 수가 없지요. 반면 발해가 형제들끼리의 싸움으로 약해지면 그만큼 발해를 뜻대로 다루기가 쉬워집니다. 그러니 대문예를 살려 두는 것이 당나라에 더 이익이지요. 또 대문예는 20년 전에 당나라에 머물며 숙위로 활동한 적이 있어서 나는 그를 잘 알고 있었습니다. 과거에 알던 사람을 내가 굳이 발해로 쫓아 보낼 이유가 있나요? 나는 그렇게 야박한 사람이 아닙니다. 그래서 발해의 요구를 거절한 것이지요. 발해가 좀 강하게 요구하면, 잠시 대문예를 먼 곳으로 보내기도 했지요.

도주한 변호사   증인은 대문예를 발해의 반역자라고 보셨나요, 아니면 당나라와의 전쟁을 막은 현명한 정치가라고 보셨나요?

현종   그가 발해의 반역자이든 아니든 그것은 나와는 상관없는 일

입니다. 다만 나는 대문예가 현명했다고 봅니다. 당나라와 발해의
국력이 좀 차이가 나야 말이지요. 발해보다 훨씬 강했던 고구려도
결국 우리가 멸망시키지 않았습니까? 대문예는 젊은 시절에 이미
숙위 생활을 하며 당나라가 얼마나 크고 강한 나라인지를 보고 느꼈
을 겁니다. 반면 무왕은 그렇지 않았지요. 그러니까 무왕은 겁 없이
당나라를 공격해 왔던 것이고, 대문예는 현명하게 전쟁을 막으려고
한 것이라고 봅니다.

도주한 변호사   판사님, 그리고 배심원 여러분, 지금 증인의 말대로 원고 대문예는 당나라를 위해서가 아니라 바로 발해를 위해서 전쟁을 막고자 했던 것입니다. 원고는 현명한 장군이자, 정치가였습니다.

강경해 변호사   정말 편한 대로 해석하는군요. 판사님, 제가 증인을 신문해도 되겠습니까?

판사   네, 좋습니다. 이제 피고 측에서 증인을 신문하세요.

강경해 변호사   ▶732년에 피고 무왕은 장문휴에게 당나라를 공격하라고 명령했습니다. 조금 전 증인은 당나라가 발해보다 국력이 훨씬 컸다고 증언했는데, 이해할 수가 없군요! 그 말이 사실이라면 왜 당나라는 발해가 공격해 왔을 때 신라에 구원 요청을 한 것입니까?

현종   그건 발해가 당나라에 쳐들어올 줄 전혀 예상하지 못했기 때문입니다. 과거에 발해가 당나라의 요구를 거절한 적이 있기는 했지만, 우리를 공격한 적은 없었습니다. 하지만 쥐도 궁지에 몰리면 고양이를 문다고 했던가요? 아무튼 발해가 쳐들어오자 우리 군대는 크게 당황했고, 전쟁 초기에 발해 군대에게 진 것입니다.

강경해 변호사   흥, 그건 변명에 불과합니다! 단순히 발해의 공격을 예상하지 못했다고 말씀하시는데, 실제로는 매우 위급한 상황 아니었나요? 오죽 급하면 신라에 원병을 요청했겠습니까?

현종   하하하. 누구나 자기네 조상의 역사가 위대하다고 말하지요. 뭐, 나도 당나라의 힘을 과장한 면이 없지는 않지만, 발해가 당나라보다 강했기 때문에 당나라가 신라에

교과서에는

▶ 발해는 흑수말갈과 당나라의 연합을 견제하기 위해 장문휴의 수군을 보내 먼저 산둥 지방을 공격했습니다. 그리고 랴오시 지역에서 당나라 군대와 크게 맞붙었지요.

급히 구원 요청을 할 수밖에 없었다고 생각하나요? 천만의 말씀입니다. 요즘 지상 세계에서는 나의 후손인 중국인이 고구려와 발해의 역사를 왜곡하고 침탈한다고 아주 시끄럽더군요. 그것은 나의 후손이 잘못했다고 생각합니다. 하지만 그렇다고 해서 한국인이 자기네 역사는 위대한 역사라고 과장하여 괜한 자존심을 세우는 것도 잘못이라고 생각합니다.

강경해 변호사　아니, 뭐라고요?

　강경해 변호사의 얼굴이 붉으락푸르락하자 판사가 얼른 제지하고 나섰다.

판사　자, 피고 측 변호인 진정하세요. 증인의 말에도 일리가 있습니다. 증인은 계속 증언해 주십시오.

현종　당나라가 힘이 없어서 발해의 공격을 막지 못한 것은 아닙니다. 거듭 말하지만 당나라는 큰 나라입니다. 따라서 토번, 돌궐, 거란 등 주변에 있는 모든 나라가 당나라의 적이기도 했지요. 발해를 막기 위해서 대군을 동원하면, 다른 나라가 당나라를 공격해 올 수도 있기 때문에 신라를 이용한 것입니다. 당나라의 힘을 사용하지 않으면서 다른 나라를 이용해 적을 막는 것이 가장 효율적이지요. 이것이 중국이 전통적으로 주변 국가의 위협을 통제하는 방법인 이이제이라는 것입니다.

판사　역시 이이제이, 이민족으로 이민족을 제압하려 했군요.

현종　나는 발해에서 도망쳐 온 대문예를 전쟁터에 내보내서 발해를 막았습니다. 또 신라에 사신을 보내 발해 남부를 치도록 요청했습니다. 그 대신 신라가 대동강 남쪽 땅을 차지하는 것을 인정해 주고 당나라와 자유롭게 교역할 수 있게 해 주었습니다. ▶신라는 당나라와 676년까지 전쟁을 했었지만, 당시에는 당나라와 자유롭게 상거래를 하며 평화로운 관계를 맺기를 원했기 때문에 나의 요구를 들어주었습니다. 결국 신라는 3만 군사를 내어 발해를 쳤는데, 눈이 많이 와서 신라 군사들이 반 이상이 얼어 죽어 공을 세우지는 못했지요. 하지만 이후 발해와 신라는 적이 되어 서로를 견제한 탓에, 발해가 당나라를 위협해 올 가능성이 크게 줄어들었습니다. 나의 정책은 한마디로 대성공이었지요.

판사　결국 신라나 발해도 당나라의 이이제이 정책 때문에 서로 싸우게 되었다는 말이로군요. 알겠습니다. 증인은 수고하셨습니다.

왜 발해 무왕은 당나라를 공격했을까?

2

당나라와의 전쟁은
발해에 이익이 되었을까?

강경해 변호사　　판사님, 당나라와 발해의 전쟁에 대해서 당나라 현종의 말만으로는 실제 상황을 알기 어렵습니다. 그래서 발해의 장문휴를 증인으로 신청합니다.

판사　　당나라 등주를 공격했던 발해의 장군 말이군요. 좋습니다. 증인은 나와서 선서하세요.

장문휴　　나는 진실만을 말할 것을 선서합니다.

강경해 변호사　　증인에게 묻겠습니다. 증인은 무왕의 명을 받고 당나라를 공격했지요? 그 결과는 어떠했습니까?

장문휴　　랴오둥 반도에서 출발한 발해군은 발해만과 황해 사이의 묘도 열도를 따라 바다를 건너 732년 9월에 당나라 등주(중국 산둥 반도 북쪽에 있는 동래현 지방)를 공격했습니다. 나는 군사를 거느리고 당

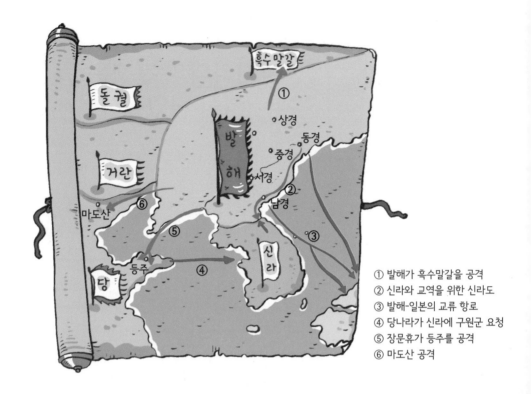

① 발해가 흑수말갈을 공격
② 신라와 교역을 위한 신라도
③ 발해-일본의 교류 항로
④ 당나라가 신라에 구원군 요청
⑤ 장문휴가 등주를 공격
⑥ 마도산 공격

나라 등주 자사 위준을 죽이고, 등주성을 함락했습니다.

강경해 변호사　　등주는 당나라의 최전방 아닌가요? 그렇다면 당나라의 군대도 꽤 많았을 것이고, 훈련도 잘 되어 있었을 텐데 어떻게 그렇게 쉽게 승리할 수 있었습니까? 증인의 탁월한 지휘 능력 덕분입니까?

장문휴　　장군은 자신의 능력을 자랑해서는 안 됩니다. 우리 군대가 승리할 수 있었던 것은 무엇보다 기습 공격 덕분입니다. 당나라는 우리가 바다를 건너 등주를 공격해 올 것이라고 예상하지 못했습니다. 아무리 훈련된 군사가 많다고 하더라도 방심하고 있는 군대가 이길 수는 없지요. 우리 군대는 예상보다 쉽게 등주에 상륙할 수 있었고, 전쟁 초반부터 승리할 수 있었습니다. 게다가 우리는 발해가 건국된 이후, 영토를 넓히는 과정에서 전쟁 경험이 많았기 때문에 유리하기도 했습니다. 우리는 고구려 군대와 마찬가지로 말을 잘 타고, 활을 잘 쏘았지요. 게다가 배를 타고 재빠르게 움직였으니 당나라군이 우리를 막아 낼 수 없었던 것입니다.

강경해 변호사 등주 자사라면 당나라에서도 중요한 관리인데, 그런 등주 자사를 죽였다면 큰 승리를 거두신 거네요. 그럼 당나라의 반격은 없었습니까? 또 등주 지역을 발해가 직접 다스렸나요?

장문휴 등주성을 함락했다고 해서 그 땅이 발해의 땅이 되는 것은 아닙니다. 그리고 그때는 땅을 차지하려고 공격한 것이 아니었습니다. 당나라가 발해를 만만히 보고, 대문예 왕자를 죽이라는 발해의 요구를 무시했기 때문에, 경고를 하기 위해서 쳐들어간 것입니다. 또한 흑수말갈을 꼬드겨서 발해를 위협하는 짓을 하지 못하도록 발해의 힘을 보여 줄 필요가 있었습니다.

강경해 변호사 그렇다면 등주성을 점령하고, 당나라를 위협한 것으로 전쟁은 끝났습니까?

장문휴 발해가 그렇게 뒤처리를 허술하게 하지는 않죠! 우리는 최대한 당나라에 타격을 입혀야 했습니다. 만약 당나라가 발해를 공격해 온다면, 등주가 당나라군의 출발 지점이 될 것입니다. 따라서 등주에 있는 항구의 배, 무기와 식량 보급 창고 등을 철저히 파괴해야 발해를 공격하려고 할 때 어려움을 겪겠지요. 그래서 우리는 철저히 등주 지역을 파괴했습니다. 또한 당나라가 두려워하도록 보다 넓은 지역을 공격했습니다. 당황한 당나라는 대문예의 무리를 시켜 유주의 병사로 우리를 막았지요. 그리고 733년 겨울에는 당나라가 신라와 함께 10만 군사로 바다를 건너 발해의 남쪽을 공격하려 했습니다. 다행히도 마침 큰 눈이 내려 신라군은 발해를 제대로 공격하지 못했지요. 그러자 무왕도 당나라에 다시 위협을 가하고자 이번에는 육지로 랴오허 강을 건너 랴오시 지역에 있는 마도산을 공격했습니다.

강경해 변호사 마도산 전투 이후 발해는 당나라, 신라와 전쟁을 하지 않은 것으로 압니다. 당나라와의 전쟁에서 발해가 거둔 성과는 대체 무엇입니까?

장문휴 가장 중요한 성과는 발해가 언제든지 당나라에 위협이 될 수도 있다는 사실을 확인시켜 준 것입니다. 즉, 발해의 힘을 과시한 것이지요. 당나라가 인구와 병력이 많아도 발해는 결코 얕잡아 볼 수 없다는 것을 당나라 사람들에게 확인시켜 준 것입니다. 결국 당나라는 발해를 힘으로 굴복시키겠다는 의지를 꺾었지요.

강경해 변호사 네, 잘 알겠습니다. 어떤 사람은 장문휴 장군의 등주 공격을 우리 역사상 최초의 해외 원정이라고도 말합니다. 당나라의 코를 납작하게 한 장문휴 장군과 그에게 명령을 내린 발해 무왕. 비록 이 자리에 피고로 나와 있지만, 그는 원고로 나온 비열한 겁쟁이 대문예와는 너무도 비교가 되지 않습니까? 이상으로 증인 신문

을 마치겠습니다.

판사　네, 수고하셨습니다. 증인은 자리에 돌아가도 좋습니다.

장문휴　판사님, 잠깐 한 말씀 드리겠습니다. 강 변호사는 발해의 등주 공격이 대단한 것이라고 여기는 것 같습니다. 역사 기록에 고구려도 수나라와 맞서 싸울 때 수나라 해안의 기지를 먼저 공격한 적이 있습니다. 또 백제도 해외 원정을 여러 번 한 것으로 압니다. 또한 발해가 당나라의 코를 납작하게 했다고 말하는 것도 과장된 면이 없지 않습니다. 등주 공격으로 당나라가 휘청거렸다거나, 발해를 무서워했다고는 생각할 수 없습니다.

판사　네, 말씀 감사합니다. 원고 측 변호인, 증인에게 신문할 것이 있습니까?

도주한 변호사　없습니다, 판사님.

황제의 나라, 발해

　과거 동아시아의 나라들 사이에는 힘의 강하고 약한 정도에 따라, 황제가 다스리는 황제국과 임금이 다스리는 왕국으로 구분했습니다. 황제는 왕 중의 왕으로, 다른 왕들에게 명령을 내릴 수 있는 강력한 임금을 뜻합니다. 당나라는 넓은 영토와 강한 군사력을 바탕으로 주변 여러 나라들에 높은 위상을 갖는 황제국임을 과시했습니다.

　그런데 발해 역시 황제의 나라였다는 사실을 알고 있나요? 제3대 문왕의 넷째 딸인 정효 공주의 무덤에서 나온 묘비에는 문왕을 일컬어 '황상', '성법 대왕'이란 칭호를 썼습니다. 그것은 문왕이 황제라는 의미입니다. 황제는 세계의 지배자이므로, 시간의 기준이 되는 연호를 사용합니다. 지금은 서기 몇 년이라고 하는 것처럼, '인안 몇 년'이라고 그해의 이름을 부르는 것입니다. 발해에서는 '인안', '대흥', '주작', '태시', '건흥', '함화' 등의 연호를 사용했습니다. 즉, 발해는 천손의 나라임을 자랑하였고, 당시 최대 강국인 당나라에 버금가는 강한 나라라는 자부심이 있었습니다.

발해 함화 4년명 비상
함화 4년인 834년에 만들어졌다. 불상이 조각된 이 비석에는 조문휴라는 인물과 허왕부라는 글귀가 있다. 이는 발해가 왕 위에 있는 황제 국가로, 발해 황제가 그 신하에게 허왕이란 임금의 직책을 내려 주었음을 보여 준다.

3

왜 무왕은 대문예에게
자객을 보냈을까?

강경해 변호사　　판사님, 지난 재판에서 원고 측은 피고가 원고를 처음부터 죽이려 했다고 주장했습니다. 원고를 위험에 빠뜨리기 위해 일부러 흑수말갈과의 전쟁터에 내보냈다는 것이지요. 하지만 그것은 심각한 오해입니다. 피고가 원고를 죽이려고 했던 것은 원고가 당나라로 도망간 이후입니다. 이 문제를 증언할 증인을 신청합니다.

판사　　어떤 증인인지 궁금하군요. 증인은 나와서 선서해 주세요.

자객　　나는 진실만을 말할 것을 선서합니다.

강경해 변호사　　증인에게 묻겠습니다. 증인은 피고인 무왕의 명을 받아 원고를 죽이기 위해 당나라에 파견된 자객이 맞습니까?

자객　　네, 그렇습니다.

증인으로 자객이 등장하자, 방청석이 술렁였다.

"저 사람이 무왕이 당나라로 보낸 자객이야? 자객처럼 생기지는 않았는데?"

"강경해 변호사는 어쩌자고 자객을 증인으로 신청한 거지?"

원고 대문예는 자신을 죽이려던 자객을 보고도 담담한 표정을 지었다.

강경해 변호사   증인은 언제 무왕으로부터 명령을 받고 당나라로 떠났나요?

자객   대문예가 당나라로 도망친 것은 726년 말이었습니다. 그런데 내가 당나라에 간 것은 733년의 일입니다.

강경해 변호사   원고가 당나라로 도망치고 7년이 지난 후에나 증인이 당나라에 갔다면, 피고가 원고를 죽이려고 해서 당나라로 도망갔다는 원고의 주장은 사실이 아니겠군요?

자객   무왕 폐하는 내가 당나라로 가기 이전에도 당나라에 사신을 보내 대문예를 죽이라고 요청한 적이 있습니다.

도주한 변호사   그것 봐요. 피고는 원고를 여러 차례 죽이려고 했잖아요!

판사   도주한 변호사는 피고 측 증인 신문 중에 끼어들지 마십시오. 피고 측 신문이 끝난 이후, 원고 측에도 증인을 신문할 기회를 주겠습니다.

강경해 변호사   감사합니다, 판사님. 그럼 당나라는 대문예를 죽이라는 무왕의 요청을 받아들였나요?

자객　아닙니다. 당나라에서는 대문예를 차마 죽일 수 없다고 대답하며 그를 먼 변방으로 보냈습니다. 하지만 당나라가 대문예를 이용하려는 목적으로 일부러 대문예를 숨겼다는 것을 알게 된 무왕 폐하는 732년에 장문휴 장군을 보내 당나라의 등주 지역을 공격했습니다.

강경해 변호사　그럼 증인은 이때 장문휴 장군과 함께 당나라에 간 것입니까?

자객　아닙니다. 장문휴 장군이 당나라를 공격하자 당나라는 신라에 구원 요청을 했고, 신라와 함께 발해의 남쪽을 공격했습니다. 또 대문예를 시켜 유주의 군사를 거느리고 장문휴의 군대를 공격하게 했지요. 이 사실을 안 무왕 폐하는 크게 화를 내며 나를 비롯한 여러 자객을 당나라 수도인 뤄양으로 보낸 것입니다.

강경해 변호사　그럼 증인은 자객 임무를 성공했나요?

자객　아닙니다. 나는 천진교 남쪽에서 대문예를 죽이려고 덤볐으나, 대문예를 호위하는 당나라 병사들 때문에 암살에 실패하고 도망쳤지요. 그러다 뤄양 부근에서 잡혀서 내가 먼저 죽고 말았습니다.

강경해 변호사　발해의 왕자였던 원고를 암살하는 것이 망설여지지는 않았습니까?

자객　처음 대문예를 암살하라는 명령을 받았을 때는 그런 마음도 없지는 않았습니다. 하지만 당나라에 와서 보니 대문예는 당나라 사람들의 보호를 받으며 아주 잘 살고 있었습니다. 게다가 그가 당나

라 관리의 옷을 입고 군대를 지휘하고 있는 것을 보니 화가 치밀더군요. 나는 발해의 왕자가 아닌, 나라를 배신한 자를 죽이는 것이라고 생각하고 칼을 뽑았습니다. 그때 임무를 완수하지 못한 게 죽어서도 한이 되는군요!

강경해 변호사　네, 수고하셨습니다. 이것으로 증인 신문을 마치겠습니다. 존경하는 판사님, 증인의 증언처럼, 피고가 원고를 죽이려고 시도한 것은 단순히 원고가 자신의 정책에 반대했기 때문만이 아닙니다. 피고는 원고가 발해를 배신하고 당나라로 도망친 것에 분노했습니다. 게다가 원고는 당나라의 군사를 이끌고 발해에 대항하는 반역 행위를 했지요. 원고는 이번 소송을 정책 대결이라고 주장하지만, 실제로는 반역자가 변명을 늘어놓는 소송일 따름입니다.

판사 음, 그렇다면 원고가 답변을 하기 바랍니다. 원고가 당나라 군대를 이끌고 발해 군대와 싸운 것이 사실입니까?

대문예 네, 하지만 당나라에서 살아남기 위해서는 어쩔 수 없었습니다. 언제 발해에서 자객을 보내 나를 죽일지 모르는 상황에서 내가 당나라의 요구를 거절할 수는 없는 노릇이었지요. 형님이 당나라에 나를 죽여 달라고 요청하지만 않았어도, 내가 당나라를 위해 일하지는 않았을 것입니다. 그렇다고 내가 당나라 군대를 직접 지휘한 것은 아닙니다. 나는 그저 당나라 군대에 내가 있다는 것을 발해 군사들에게 알리려는 당나라의 선전물로 동원된 것에 불과합니다.

강경해 변호사 그래도 명색이 발해의 왕자인데, 원고는 당나라의 선전물로 이용당한 것이 창피하지도 않습니까? 이 일도 흑수말갈의 공격을 반대한 것처럼 발해를 위한 일이었다고 변명할 겁니까?

강경해 변호사의 질문에 대문예는 고개를 돌리고 딴 곳을 바라보았다. 흥분한 강경해 변호사가 다시 질문하려고 하자, 판사가 이를 말렸다.

왜 발해 무왕은 당나라를 공격했을까?

판사   자, 강경해 변호사는 진정하십시오. 그럼 이번에는 피고에게 묻겠습니다. 피고는 자객을 보내 동생을 죽이려고 한 것을 후회하거나 반성하지는 않습니까?

무왕   반성할 이유도 후회할 이유도 없습니다. 나는 발해의 반역자를 죽이려고 했을 뿐이지, 동생을 죽이려고 한 것이 아닙니다.

판사   피고의 입장이 매우 강경하군요. 벌써 시간이 다 되었으므로, 오늘 재판은 이것으로 마치겠습니다. 오늘 못다 한 이야기는 세 번째 재판에서 해 주세요.

　땅, 땅, 땅!

발해의 건국에서 멸망까지

668년   고구려 멸망

696년   걸걸중상과 대조영 부자가 고구려 유민을 이끌고 독립운동 시작

698년   천문령 전투에서 당나라 군을 물리치고, 동모산에 진국 건국

705년   당나라에서 사신을 보내 발해를 인정

713년   당나라와 국교 수립, 나라 이름을 발해로 고침

719년   고왕 대조영이 사망하고, 아들 대무예가 무왕으로 즉위

726년   당나라가 흑수말갈과 연합하자, 무왕은 흑수말갈을 공격

　　　　　대문예, 무왕의 명을 어기고 당나라로 도망

　　　　　무왕, 당나라에 사신을 보내 대문예를 죽여 달라고 요청

728년   태자 대도리행 사망

732년   장문휴가 이끄는 발해군이 당나라 등주를 공격

733년   대문예가 당나라 군사를 이끌고 발해를 공격

　　　　　신라군도 당나라와 함께 발해를 공격

737년   무왕이 사망하고, 둘째 아들 대흠무가 문왕으로 즉위

738년   문왕이 당나라와 평화로운 관계를 맺음

756년   수도를 상경 용천부로 옮김

818년   10대 선왕 즉위, 전성기를 맞이해 '해동성국'이라 불림

926년   요의 침략으로 발해 멸망

　　　왜 발해 무왕은 당나라를 공격했을까?

다알지 기자

시청자 여러분, 안녕하세요. 역사공화국 법
정 뉴스의 다알지 기자입니다. 지금 저는 무
왕, 대문예 형제의 둘째 날 재판을 마친 한국사
법정에 나와 있습니다. 오늘 재판에서는 발해가 왜
당나라를 공격하였는지에 대해 치열한 논쟁이 있었습니다. 피고 측은
당나라가 흑수말갈과 연합해 발해를 위협했기 때문에 당나라를 공격
한 것이라고 했습니다. 반면 원고 측은 당나라와의 전쟁은 발해에 이
익이 되지 않았다고 했습니다. 피고는 원고가 발해를 배신한 반역자이
기 때문에 자객을 보냈다고 했고, 원고 측은 당나라에서 살아남기 위
해서 어쩔 수 없이 당나라의 요구를 받아들인 거라고 맞섰습니다. 그
럼, 이번 재판의 변호를 맡은 양측 변호인을 만나 오늘 재판에서 강조
한 것이 무엇인지 인터뷰를 해 보겠습니다.

강경해 변호사

원고 측은 피고가 자기 말을 안 듣는다고 무고한 원고를 죽이려고 했다고 주장했습니다. 하지만 자객의 증언에 따르면, 원고는 당나라에서 편안히 살며 당나라를 위해 발해와 맞섰습니다. 그래서 피고가 원고를 죽이려고 한 것이지요. 피고 무왕도 처음부터 당나라와 대립하려고 했던 것은 아니었습니다. 하지만 당나라가 흑수말갈을 이용해 발해를 위협했고, 도망친 원고를 받아들이고 발해의 요구를 무시했기 때문에 당나라를 공격한 것입니다. 발해는 당나라에 발해의 힘을 똑똑히 보여 주어 함부로 넘보지 못하도록 했습니다. 그럼에도 발해가 당나라를 공격한 것이 아무런 실익이 없다고 할 수 있겠습니까?

왜 발해 무왕은 당나라를 공격했을까?

도주한 변호사

증인 장문휴 장군이 마지막에 한 말을 잊
지 않았으면 합니다. 발해의 힘을 너무 과장해
서는 안 됩니다. 발해는 당나라와 정면으로 대결하
여 이길 수 있는 나라가 아니었습니다. 우리 역사의 화려한 면, 긍정적
인 면만을 강조하기 위해 당시 상황을 부풀려서는 안 될 것입니다. 현
실적으로 무엇이 발해의 이익이었는지를 똑똑히 따져 봐야 합니다. 다
음 재판에서 밝히겠지만, 당나라에 대한 피고의 정책은 이후 계승되지
못했습니다. 대문예의 판단이 옳았음을 세 번째 재판에서 분명하게 밝
히겠습니다.

발해의 당나라 정책은 어떻게 바뀌었을까?

1. 문왕은 왜 당나라와 평화로운 관계를 맺으려고 했을까?
2. 무왕의 대외 정책은 왜 계승되지 못했을까?

교과연계

역사
Ⅲ. 통일 신라와 발해의 발전
  3. 발해의 건국과 발전
   (2) 다양한 문화를 융합한 발해의 문화

문왕은 왜 당나라와 평화로운 관계를 맺으려고 했을까?

판사   자, 세 번째 재판을 시작하겠습니다. 오늘은 원고 측 변호인이 피고의 아들인 문왕을 증인으로 신청했군요. 피고의 아들이 원고 측에 유리한 증언을 하지는 않을 것 같은데, 왜 원고 측 변호인은 문왕을 증인으로 신청했습니까?

도주한 변호사   판사님, 발해 제3대 임금인 문왕은 피고의 아들이 맞습니다. 하지만 아버지 무왕이 당나라를 공격하는 등 강경한 대외 정책을 편 것과 달리, 문왕은 당나라와 평화롭게 지내기를 원했습니다. 그런 점에서 볼 때 문왕은 오히려 원고가 내세웠던 대외 정책을 따랐다고 볼 수 있지요.

판사   알겠습니다. 증인은 나와서 선서해 주세요.

문왕   나는 진실만을 말할 것을 선서합니다.

판사   증인은 개인적인 관계를 떠나서, 솔직하게 당시 상황과 증인이 했던 행동에 대해서 증언하기 바랍니다.

문왕   물론입니다. 이미 1천 년도 넘은 과거의 일입니다. 이제 와서 숨길 것은 없습니다.

판사   네, 좋습니다. 그럼 원고 측 변호인, 신문하십시오.

도주한 변호사   증인의 이름은 대흠무이고, 형 대도리행이 728년에 당나라에서 죽자 곧 태자가 되어 아버지 무왕을 도왔습니다. 그러다가 737년에 발해 제3대 임금이 되어 794년까지 무려 58년간이나 나라를 다스린 것으로 알려져 있지요. 태자가 되었을 때는 10대의 어린 나이에도 불구하고, 발해가 당나라를 공격하는 중대한 일에 관여했는데요, 발해는 왜 당나라와 전쟁을 하게 된 것입니까?

문왕   발해가 당나라를 공격한 것은, 당시 국제 정세와 밀접한 관련이 있습니다. 나의 작은아버지인 대문예가 당나라로 도망간 것이나, 나의 형님이 당나라에서 죽은 사건을 놓고 보면 당나라는 발해의 미움을 받기에 충분했습니다. 하지만 전쟁은 미워하는 감정만으로 일으킬 수 있는 단순한 행동이 아닙니다. 힘이 센 당나라는 늘 주변 여러 나라를 자기 뜻대로 움직이려고 했습니다. 당연히 당나라에 반대하는 세력도 많아졌지요. 730년에는 당나라의 간섭을 받던 거란이 당나라와 대립하던 돌궐 편에 서서 당나라와 맞섰습니다. 나의 아버지 무왕은 당나라가 작은아버지인 대문예의 문제와 관련하여 발해를 속이고 있다고 생각했기 때문에, 이때 당연히 거란을 지원했습니다. 그런데 732년 3월에 거란이 당나라에 크게 패했고, 거란 옆에 있는 해족도 당나라에 항복하고 말았습니다.

도주한 변호사 　그렇다면 당나라가 발해를 공격할 수도 있다는 위기감이 생겼겠군요.

문왕 　그렇습니다. 731년 가을, 당나라는 대문예를 죽여 달라는 우리의 요청을 거부하는 문서를 보내면서, 당나라의 명령을 따르지 않으면 발해에 쳐들어가겠다고 협박해 왔습니다.

도주한 변호사 　발해에서도 당나라의 공격을 막을 대책을 빨리 마련해야 했겠군요.

문왕 　그렇지요. 게다가 거란마저 당나라에 패했으니까요. 그래서 732년 9월, 당나라가 발해를 공격해 올 경우 군사 기지가 될 등주를 먼저 공격하기로 했던 것입니다. 또한 733년 3월에는 다시 당나라를 공격하는 거란을 지원하는 군대를 보냈습니다. 거란은 발해뿐만 아니라 돌궐의 군사까지 얻어서 당을 격파함으로써 다시 힘을 키울 수 있었어요. 이렇게 발해가 거란, 돌궐과 힘을 합쳐 당과 맞서자 당나라도 신라에 도움을 요청했던 것입니다.

도주한 변호사 　결국 730년대는 동아시아에서 거대한 세력 간의 대결이 벌어졌던 것이로군요.

문왕 　그런 셈입니다. 신라와 당나라가 10만 대군을 동원해 발해를 공격하려고 했지만, 추운 겨울 날씨 탓에 힘 한번 제대로 써 보지 못했습니다. 아버님은 매우 화가 나서 당나라의 마도산 지역으로 쳐들어가 한 번 더 그들에게 경고했습니다. 하지만 734년에 거란이 또다시 당나라에 크게 패하면서, 상황은 크게 달라졌습니다. 당나라와

　왜 발해 무왕은 당나라를 공격했을까?

발해 사이에 거란이라는 걸림돌이 사라졌고, 돌궐마저 임금이 죽임을 당하면서 혼란에 빠져 나라의 힘이 크게 약해졌습니다. 결국 발해는 혼자서 당나라, 신라와 맞서야 하는 상황이 된 것입니다.

도주한 변호사 그렇다면 당나라가 발해를 직접 공격할 수도 있었겠군요. 그럼 이때도 피고 무왕은 강경하게 대응했나요?

문왕 아닙니다. 당나라는 우리의 힘을 알았기 때문에 더 이상 쳐들어오지 않았습니다. 또한 아버님도 당나라와의 더 큰 전쟁은 원하지 않으셨지요. ▶736년에는 당나라 포로를 당나라에 돌려보내면서 화해를 요청했습니다. 당나라도 붙잡아 두었던 발해 사신을 풀어 주었고, 두 나라는 평화를 찾을 수 있었습니다.

도주한 변호사 그럼 737년에 왕위에 오른 증인은 당나라와 어떤 관계를 맺었습니까?

문왕 사신도 보내고, 표범과 담비 가죽 등 귀한 선물도 보내면서 당나라와 평화로운 관계를 맺었습니다. 당시 세계의 중심이자, 가장 강한 나라는 당나라였습니다. 당나라와 안 좋은 관계를 유지하면 발해에도 좋을 게 없었습니다. 당나라의 앞선 문화도 받아들이고, 교역도 하면서 발해의 발전을 꾀하는 것이 임금이 해야 할 일이라고 생각했습니다.

도주한 변호사 그렇다면 당나라 중심의 세계 질서에 발해가 참여했다고 보면 되는 것입니까?

문왕 그렇습니다. 어제의 적이 오늘의 동지가 되는 것이 국가들 사이의 관계입니다. 과거에는 우리가 당나라와 전쟁을 했지만, 이제는 당나라와 친하게 지내는 것이 우리에게 이익이 되었기 때문에 화해를 하고 외교 관계를 맺어 함께 번영을 누린 것입니다.

도주한 변호사 그렇다면 당나라와의 전쟁을 선택한 무왕의 정책을 증인이 없었다고 할 수 있겠군요. 오늘 증언 감사합니다. 이상으로 증인 신문을 마치겠습니다.

판사 증인, 수고했습니다. 강경해 변호사는 증인에게 반대 신문하겠습니까?

강경해 변호사 네, 증인에게 묻겠습니다. ▶증인은 스스로를 고려 국왕이라고 칭하기도 하고, 발해 내부에서는 황제라고 불린 것으로 압니다. 제후들도 거느리셨지요. 그런데 그런 증인이 당나라의 눈치나 보면서 그들과 잘 지내려 했던 것이 부끄럽지는 않으셨나요?

문왕　　나는 자랑스러운 발해의 임금입니다. 하지만 대외 관계에서, 굳이 힘센 상대를 자극할 필요는 없습니다. 발해는 분명 크고 강한 나라입니다. 하지만 냉정히 말해 당시 발해는 당나라를 뛰어넘는 인구와 힘, 문화를 갖고 있지는 않았습니다. 그런 만큼 당나라와 전쟁을 하지 않기 위해 당나라를 최고라고 인정해 주었을 뿐이지요. 그렇다고 해서 우리가 스스로 발해를 최고의 나라로 여기는 자부심이 없었던 것은 아닙니다.

강경해 변호사　　그럼 최근 중국의 일부 학자들이 발해를 당나라의 지방 정권이라고 부르는 것에 대해서는 어떻게 생각하십니까?

문왕　　황당하기 그지없지요. 그런 주장은 지금으로 치면 미국이 일본과 영국, 독일, 한국 등을 모두 자기네 지방 정권이라고 보는 것과 같은 엉터리 주장입니다.

강경해 변호사　　마지막으로 한 가지만 더 묻겠습니다. 증인은 대문예를 반역자라고 생각하십니까, 아니면 현명한 정책 결정자라고 생각하십니까?

문왕　　대문예는 반역자입니다.

강경해 변호사　　자, 보셨지요? 증인, 어려운 입장이신데도 이렇게 증언해 주셔서 감사합니다. 하하.

교과서에는

▶ 문왕이 통치하던 시기에 발해는 크게 발전했습니다. 그리고 중국과 발해가 대등한 지위에 있다는 것을 알리기 위해 인안, 대흥 등의 독자적인 연호를 사용했지요.

강경해 변호사의 말이 끝나자, 원고 대문예와 도주한 변호사는 당황한 표정을 지었고 증인 문왕은 자기는 어쩔 수 없는 발해 왕족이라는 듯 어깨를 으쓱해 보였다. 재판정은 다시 술렁이기 시작했다.

2

무왕의 대외 정책은
왜 계승되지 못했을까?

도주한 변호사　　판사님, 저는 처음부터 이번 재판이 원고와 피고 사이의 정책 차이에 대한 심판이 되기를 원했습니다. 원고가 잘못된 정책을 내놓았고, 그로 인해 발해가 피해를 입었다면 당연히 원고는 죄를 받아 마땅합니다. 하지만 원고의 정책은 분명히 발해에 도움이 되는 것이었습니다.

판사　어떻게 도움이 되었다는 것입니까?

도주한 변호사　　판사님, 전쟁은 누구를 위한 것입니까? 전쟁은 꼭 해야만 하는 걸까요? 전쟁은 승리자를 낳고, 위대한 영웅의 이름을 역사에 남깁니다. 하지만 전쟁으로 수많은 사람들이 죽고, 전쟁을 준비하기 위해서 국가 경제가 무너지고, 백성의 삶이 피로워지는데 왜 이런 비극에 대해서는 모두들 눈을 감고 있습니까? 원고는 그런 이유로 발해에 크게 도움이 되지 않는 흑수말갈 정벌을 반대한 것입니다. 그것이 왜 잘못이란 말입니까? 흑수말갈을 정벌하고 발해가 얻는 것이 대체 무엇이란 말입니까? 결국 흑수말갈 정벌은 실패로 돌아가고 말았지요.

판사 그러고 보니 흑수말갈 정벌을 통해 발해가 무엇을 얻었는지는 재판 과정에서 드러나지 않았군요. 앞서 나온 증인 장문휴는 당나라와 벌인 전쟁의 결과만을 말했던 것 같으니, 피고 측은 이에 대한 답변을 하기 바랍니다.

강경해 변호사 판사님, 첫날 재판에서 이미 왜 발해가 흑수말갈을 공격하지 않으면 안 되었는지에 대해서 말씀드린 바 있습니다. 만약 그때 발해가 흑수말갈을 공격하지 않았다면 흑수말갈은 언제든지 당나라와 힘을 합쳐 발해를 쳐들어왔을 것입니다.

도주한 변호사 판사님, 피고 측 변호인이 제대로 답변하지 못하고 있습니다. 실제로 흑수말갈 정벌은 실패로 끝났습니다. 왜냐하면 발해는 흑수말갈이 당나라와 연락하는 것을 막지 못했고, 전쟁의 성과도 크지 않았습니다. 원고가 주장한 것처럼 쓸모없는 전쟁이었던 것입니다.

강경해 변호사 판사님, 이의 있습니다. 비록 이때 발해가 흑수말갈을 완전히 누르지는 못했다고 하더라도, 이 전쟁을 통해 발해는 주변의 여러 말갈 부족에게 발해에 대항해서는 안 된다는 교훈을 확실히 보여 주었습니다. 주변 여러 부족에 대한 발해의 지배력도 강해졌지요. 또한 발해가 당나라의 눈치를 보지 않는 강한 나라임을 확실히 보여 주었습니다.

판사　하지만 당시 가장 강한 나라였던 당나라에 대항하는 것이 최선의 선택이었을까요?

강경해 변호사　물론 당나라가 당시 가장 강한 나라였던 점은 저도 인정합니다. 또 당나라가 당시 북방의 강자이며, 발해와 함께 당나라를 누를 수 있는 강국인 돌궐마저 제압한 강한 힘을 갖고 있었다는 것도 압니다. 하지만 그렇다고 해서 발해가 아무런 저항도 못 하고 당나라의 눈치만 본다면 어떻게 되었겠습니까? 발해는 약소국이 아닌, 강대국이 되려고 했던 나라이며, 수나라와 당나라에 맞섰던 고구려를 계승한 나라입니다. 따라서 발해는 당나라에 주눅 들지 않는 모습을 보일 필요가 있었습니다. 원고의 주장대로 흑수말갈을 침략하지도 않고, 당나라와 전쟁을 하지도 않았다면, 발해에 속한 여러 부족들이 발해를 힘없는 나라로 여겨 반란을 일으켰을 것입니다.

도주한 변호사　판사님, 분명한 것은 발해가 당나라와의 전쟁에서 별다른 성과를 거두지 못했다는 사실입니다. 당나라의 영토를 빼앗은 것도 아니며, 많은 포로와 막대한 물건을 얻어 온 것도 아닙니다. 결국 발해는 이후에 당나라가 강하다는 것을 인정하고, 당나라와 잘 지내려고 애쓰지 않았습니까? 피고의 아들인 문왕조차 아버지 무왕의 정책을 계승하지 않고 당나라와 평화로운 관계를 유지하지 않았습니까?

강경해 변호사　판사님, 이의 있습니다. 원고 측이 잘못 이해한 것이 있습니다. 앞서 증언을 했던 문왕은 분명히 원고를 반역자라고

말했습니다. 원고가 정말 발해를 위하는 마음이 있었다면, 적어도
발해와 대립하고 있던 당나라로 도망가서는 안 되죠! 또한 스스로
목숨을 끊는 한이 있더라도, 당나라의 군사를 이끌고 발해의 군대와
맞서는 일은 없었어야 했습니다.

도주한 변호사　　판사님, 진정한 반역자란 누구일까요? 당장 임금의
명을 어기지 않기 위해 나라에 해가 되는 일도 주저하지 않고 무조

건 행하는 사람이 충신일까요? 그것은 임금에 대한 충성일 수는 있어도, 국가에 대한 충성은 아닐 것입니다. 물론 원고는 피고의 명을 따르지 않았으니, 피고의 충신은 아닙니다. 하지만, 피고는 발해를 위해 피고에게 반대한 것이지, 발해를 망치려는 반역자는 아니었습니다.

판사　네, 잘 알겠습니다. 그런데 발해는 문왕 이후 원고의 주장대로 당나라와 계속 평화로운 관계를 유지했습니까?

도주한 변호사　네. 발해는 이후 당나라와 전쟁을 하지 않고, 평화를 누리면서 발전을 했습니다.

강경해 변호사　흠, 글쎄요? 당나라와의 평화가 반드시 발해의 발전으로 이어졌다고 볼 수는 없습니다. 또한 원고의 주장을 후손들이 모두 따랐던 것은 아닙니다. 발해의 최고 전성기를 이룬 임금은 발해의 제10대 임금인 선왕(재위 기간 : 818년~830년)입니다.

　　판사　선왕이라면 발해를 '해동성국'으로 만든 주인공이 아닙니까?

　　강경해 변호사　맞습니다. ▶선왕은 흑수말갈을 완전히 제압하고, 사방 5천 리의 큰 영토를 차지해 '해동성국'을 이룩했습니다. 해동성국이란 바다 동쪽에서 번영하는 나라라는 뜻으로, 주변 국가들은 모두 발해를 부러워했지요. 선왕 때 대부분의 말갈족이 발해에 무릎을 꿇었고, 발해의 영토도 매우 넓어졌습니다. 피고인 무왕과 후대의 선왕이 발해를 발전시키기 위해 이렇게 애쓰지 않았다면, 발해는

왜 발해 무왕은 당나라를 공격했을까?

해동성국 발해

쉽게 당나라의 손에 멸망당하고 말았을 것입니다. 선왕 때 흑수말갈을 완전히 제압한 것은 무왕의 정책을 계승한 것이라고 할 수 있습니다.

도주한 변호사 판사님, 전쟁을 절대로 하지 말라는 것이 아닙니다. 꼭 필요한 전쟁은 해야 하겠지요. 하지만 무모한 전쟁은 하지 말아야 합니다. 발해가 당나라 군대를 물리치며 일어난 나라인 것은 맞지만, 그렇다고 무조건 당나라와 적대 관계를 유지해야 하는 것은 아닙니다. 세계 역사를 살펴보면 서로 싸우던 나라가 전쟁이 끝난 이후에는 화해하고, 외교를 맺고, 문화를 받아들이며 우호적인 관계를 맺고 있습니다. 한때 당나라가 발해의 적국이었다고 해서, 당나라와 평화로운 관계를 맺는 것이 발해를 망치는 일이라고 단정해서는 안 될 것입니다.

강경해 변호사 판사님, 이 말씀을 꼭 드리고 싶습니다. 발해가 당나라가 강하다는 이유로 대항하지도 않고 싸우려고 하지도 않았다면, 언젠간 반드시 당나라의 공격을 받았을 것입니다. 발해는 흑수말갈을 공격함으로써, 발해가 당나라의 요구를 순순히 들어주지 않을 강한 의지를 가진 나라임을 보여 주었습니다. 또 당나라가 발해를 공격할 수도 있다는 위협을 받고서도, 도리어 당나라를 먼저 공격하여 당나라를 움츠리게 했습니다. 게다가 당나라군과 신라군의 침략을 한 차례 막았고 다시 반격을 했지요. 그래서 당나라는 고구려의 후예인 발해가 굳센 나라라고 생각하게 되었습니다. 발해를 쉽게 공격하지 못하게 된 것이지요. 당나라 사람들이 발해인 세 명이면 호랑이를 잡는다고 생각했을 만큼 발해가 강인한 의지를 보였기 때문에, 발해와 당나라 사이에 평화가 올 수 있었던 것입니다.

평화는 지킬 수 있는 힘과 의지를 가진 자만이 누릴 수 있습니다. 발해가 당나라의 요구에 굴복할 수밖에 없는 약한 나라였거나 당나라의 요구를 거절할 의지마저 없는 나약한 나라였다면, 당나라와 평화로운 관계를 결코 유지할 수 없었을 것입니다. 따라서 무왕이 흑수말갈을 공격한 것이나, 장문휴 장군을 시켜 당나라를 공격한 것은 발해가 번영할 수 있는 바탕이 되었다고 말할 수 있습니다.

판사　두 변호인의 발언은 최종 판결에 참고하도록 하겠습니다. 이제 잠시 휴정한 후에 원고와 피고 두 사람의 최후 진술을 듣겠습니다.

다알지 기자

여러분, 안녕하세요? 역사공화국 법정 뉴스의 다알지 기자입니다. 저는 무왕과 대문예의 셋째 날 재판이 이어지고 있는 한국사법정에 나와 있습니다. 오늘 재판에서는 피고의 아들인 문왕이 당나라에 어떤 정책을 폈는지에 대해 알아보았습니다. 원고 측은 당나라와 전쟁을 하는 피고의 강경한 정책이 아들 문왕 대에 폐기되었다고 주장했고, 피고 측은 피고가 당나라와 전쟁을 한 것이 발해의 발전을 위한 토대가 되었다고 주장했습니다. 오늘은 이 재판을 지켜본 두 분의 방청객에게 재판에 대한 소감을 들어 보도록 하겠습니다.

영류왕

　나는 고구려 제 27대 영류왕입니다. 당나라에 대한 평화 정책을 지속하다가, 강경 정책을 내세운 연개소문에게 죽임을 당했지요. 대문예와 나는 평화를 주장했다는 점에서 서로 닮았습니다. 하지만 나는 당나라에 맞서기 위해 1천 리에 걸쳐 성을 쌓는 등 당나라의 침략에 대비해 나름의 준비를 했습니다. 반면 대문예의 경우는 발해의 발전을 위해 다른 어떤 준비를 하고 있었는지 의심스럽습니다. 대문예는 평화를 주장하기에 앞서 먼저 발해를 강하게 만들 대책을 내놓았어야 합니다. 힘이 있어야 발해와 당나라 사이에 평화가 유지될 수 있기 때문입니다. 또한 대문예가 당나라로 도망간 것은 용서가 되지 않습니다. 나는 대문예를 애국자라고 보지 않습니다.

광해군

　　나는 조선의 제15대 임금 광해군입니다. 명나라와 후금 사이에서 실리 외교를 했었지요. 나는 오직 조선에 더 이익이 되는 방향으로 외교를 폈습니다. 나는 과연 누가 더 발해의 발전을 위해 노력했는지에 따라 이번 소송의 결과가 나와야 한다고 생각합니다. 당나라와 전쟁을 하지 말아야 한다는 대문예의 주장은 옳다고 보지만 그가 위험을 피하기 위해 당나라에 간 것은 잘못입니다. 그리고 무왕도 그가 과연 발해를 위해 최선을 다한 것인지 의문이 듭니다. 당나라를 제압하기 위해서는 흑수말갈을 완전히 굴복시키고, 돌궐·거란과 연합해 보다 치밀한 준비를 한 후 당나라를 공격했어야 한다고 봅니다.

백성이 고통받는 전쟁은
피해야 합니다

VS

진정한 평화는 힘이 있어야
지킬 수 있습니다

판사　　자, 마지막으로 소송 당사자인 무왕과 대문예의 진술을 들어 볼까요? 배심원단은 물론이고 판결문에 마지막으로 영향을 미칠 발언이니 원고와 피고는 주의해서 발언해 주세요. 그럼, 먼저 원고부터 발언하세요.

대문예　　이번 재판을 통해 형님이 여전히 나를 미워하고 있다는 것을 확인하게 되어 마음이 아픕니다. 형님은 당시의 결정이 발해의 미래를 위해서였다고 하지만, 나는 사랑하는 백성이 쓸모없는 전쟁으로 죽는 것을 바라지 않았습니다. 나는 왕자 시절에 아버님인 대조영 폐하의 명에 따라 당나라에 숙위로 가서 몇 년간 머물렀습니다. 그렇게 발해의 왕자가 당나라의 볼모가 될 수밖에 없었던 것은 당시 발해의 국력을 보여 주는 것입니다.

나의 아버지이자 발해를 건국한 대조영을 고구려를 부활시킨 민족의 영웅이라고 부르는 후손들도 많다고 알고 있습니다. 하지만 아버님도 발해를 건국할 때는 당나라와 싸웠지만, 일단 나라를 세운 뒤에는 강력한 당나라와 전쟁을 하지 않기 위해서 사신을 보내고 화해를 청했습니다. 누구보다 당나라를 미워하셨지만, 당나라와 계속 전쟁을 해서는 발해가 발전할 수 없음을 잘 알고 계셨기 때문입니다.

당시 발해는 건국된 지 채 30년도 지나지 않은 신생 국가였습니다. 나는 그런 발해의 현실을 인정하고, 나라가 살 길을 택하는 것이 최선이 아닐까 생각했습니다. 물론 고구려의 을지문덕, 연개소문 등을 대단한 분들이라고 생각합니다. 하지만 나는 수나라, 당나라와 같은 강한 나라와 전쟁을 하지 않는 것이 고구려에 더 이롭다고 생각합니다. 전쟁에서 승리하면서 고구려는 자부심을 얻었지만, 백성은 전쟁으로 많은 고통을 겪었습니다. 당시는 발해가 당나라에 비해 국력이 약했던 만큼, 당나라와의 충돌을 피했어야 했다고 봅니다.

나는 726년에 우리가 흑수말갈을 공격하면, 과거 고구려와 마찬가지로 당나라의 공격을 받을 것이라고 예상할 수밖에 없었습니다. 비록 나의 예상과는 달리 발해가 당나라 군대를 잘 막기는 했지만, 만약 당나라가 대군을 동원했다면 어떠했을까요? 그러면 후대 사람들이 나를 반역자라고 무조건 비판했을까요?

735년에 돌궐이 약해지면서, 발해 주변에는 당나라에 맞설 만큼 힘이 센 나라가 없었습니다. 이때 만약 당나라가 대군을 일으켜 발해를 공격했다면 발해가 멸망할 수도 있었습니다. 다행히 발해에는 행운이 따랐습니다. 큰 눈이 내려 당나라와 신라의 공격이 실패로 돌아가고 당나라가 발해를 멸망시키려고 대군을 동원하지 않은 것입니다.

강한 상대와 굳이 전쟁을 해서 발해가 얻은 것이 무엇입니까? 나는 형님이 732년 이후 당나라와 전쟁을 하면서, 당나라와 전쟁을 괜히 했다는 생각을 갖게 되었을 것이라고 추측합니다. 형님은 당나라와의 전쟁을 후회하고 있지는 않나요? 이 자리에 계신 형님에게 가장 묻고 싶은 질문입니다.

독립 국가로서의 자존심도 중요하고, 임금으로서 모든 신하가 자신의 명령을 따르는 것이 중요하다는 것도 잘 압니다. 하지만 진정 발해를 위한다면, 자신에게 반대하는 신하의 목소리에도 귀를 기울여야 합니다. 자신의 명령을 어겼다고, 친동생을 죽이려고 한 것은 너무하지 않았나요? 흑수말갈을 공격한 것이나, 당나라 등주를 공격해 등주 자사를 죽인 것이나, 대체 이런 전쟁이 발해에게 가져다 준 것이 무엇이란 말입니까?

그리고 별로 자랑스럽지 않은 것을 너무 과장하지는 않았으면 합니다. 발해의 공격에 당나라가 쩔쩔매고 당황했다는 것이 발해인과 후손들에게 정말 자부심을 심어 줄 만한 것일까요? 장문휴 장군의 당나라 공격은 그저 당나라 변두리 지역을 노략질한 것에 불과했습니다. 발해는 당나라를 멸망시키거나, 발해 중심의 새로운 국제 질서를 만들지는 못했지요. 오히려 발해는 당나라가 주도하는 국제 질서에 속해 있었습니다. 그것은 당시의 자연스러운 국제 질서였고,

결코 창피한 일이 아니었습니다.

왜 발해가 당나라와 대립한 것은 자주적이고, 당나라 주도의 국제 질서 속에 들어간 것은 자주적이지 못한 것이라고 비난합니까? 가장 중요한 것은 발해의 평화와 발해인의 행복 아닙니까?

나의 행동에서 분명 잘못된 부분도 있었다고 생각합니다. 하지만 나를 비겁자라거나, 반역자라고 손가락질하지는 않았으면 합니다. 한국사법정이 나의 명예를 반드시 회복시켜 주기를 부탁하며, 이상으로 나의 최후 진술을 마치겠습니다.

판사　네. 판결에 참고하겠습니다. 그럼 이번에는 피고가 최후 진술하기 바랍니다.

무왕　나는 발해의 이익을 위해 최선을 다했다고 생각합니다. 나는 아직도 왜 내가 한국사법정에 피고로 서야 하는지 모르겠습니다. 형제라는 이유로 마지막으로 동생의 말을 들어 보기 위해 재판에 참여한 것뿐입니다.

나는 이 말씀을 꼭 드리고 싶습니다. 진정한 평화는 힘이 있을 때 지킬 수 있는 것입니다. 동생은 발해가 당나라보다 힘이 약하니까 당나라와 싸우지 않았어야 한다고 말합니다. 하지만 힘이 약하다고 싸워 볼 생각도 안 하고 머리를 숙이다가는 자신도 모르게 남의 나라의 속국, 식민지가 되는 것입니다. 물론 무모하게 싸우는 것보다 서로 평화로운 관계를 맺고 문화와 물자를 교류하는 것이 더 좋지요.

하지만 지레 겁을 먹고 강한 나라에게 무조건 머리를 숙인다면, 너무나 많은 것을 빼앗겨 나라가 발전하지 못할 수도 있습니다. 스

스로의 한계를 정하고 이 정도밖에 안 되는 나라라고 생각한다면, 결코 큰 나라로 발전할 수 없을 것입니다. 당나라가 처음부터 강대 국이었나요? 아닙니다. 당나라도 처음에는 돌궐에게 조공을 바치던 나라였습니다. 고구려도 처음에는 압록강 중류의 작은 나라에서 시 작해서 고구려보다 강했던 부여를 제쳤고, 돌궐, 수나라, 당나라와 같은 강대국을 물리치며 강한 나라로 발전했던 것입니다.

내가 나라를 다스리면서 발해도 무척 커졌습니다. 물론 발해는 당나라보다 인구도 적고 군사도 적어, 국력을 모두 기울이는 큰 전쟁이 나면 발해가 당나라를 이기는 것은 쉽지 않을 것입니다. 하지만 전쟁의 승패는 단순히 군사의 숫자로 결정되는 것이 아닙니다. 나는 돌궐, 거란 등과 힘을 합쳐 당나라에 맞섰습니다. 돌궐에 내분이 일어나지만 않았어도 발해와 돌궐, 거란의 연합이 좀 더 힘을 발휘할 수 있었을 것입니다.

많은 사람이 발해가 사방 5천 리의 땅을 가진 큰 나라라고 생각하지만, 그것은 10대 선왕 때가 돼서야 가능했던 일입니다. 발해가 건국 이후로 당나라에 왕자들, 심지어 태자까지 볼모로 보낸 것은 우리가 힘이 없었기 때문입니다. 나는 그 상황을 너무도 잘 알고 있습니다. 하지만 힘이 약하다고 언제까지 머리를 숙이고 있을 필요는 없습니다. 동생은 자꾸 강대국 중심의 국제 질서를 순순히 따르자고 말하는데, 동생의 생각은 먼 미래를 내다보지 못한 것입니다.

나는 당시 당나라가 거란·돌궐 등 보다 가까이에 있는 적들과 싸움을 해야 했기 때문에, 발해까지 상대할 여유가 없다고 생각했습니다. 당나라가 발해를 공격하려면 많은 준비가 필요했고, 그 시간이면 나는 충분히 거란, 돌궐 등과 힘을 모아 당나라에 맞설 수 있다고 보았습니다. 그렇기 때문에 흑수말갈 공격을 명령했고, 또 장문휴를 시켜 당나라를 공격하라고 명령할 수 있었던 것입니다. 전쟁에서는 두려움을 가진 자가 반드시 패배합니다. 과거 고구려가 그러했듯이, 발해 역시 당나라와 싸워서 이길 수 있다는 자신감이 있었습니다.

하지만 동생은 눈앞의 현실만을 보고 당나라를 두려워했습니다. 나는 동생이 겁쟁이 짓을 그만두기를 바랐습니다. 나는 절대로 동생이 현명한 정치가였다고는 생각하지 않습니다. 이상으로 나의 발언을 마치겠습니다.

판사 　원고 측, 피고 측, 그리고 배심원단 여러분도 모두 수고 많았습니다. 배심원의 의견은 미공개이며, 법관의 판결은 배심원의 의견에 구속되지는 않습니다. 본 법정은 배심원의 의견을 참고하여 4주 후에 판결문을 공개하겠습니다.

　땅, 땅, 땅!

역사공화국 한국사법정 재판 번호 13 대문예 vs 무왕

주문

역사공화국 한국사법정은 대문예가 무왕을 상대로 제기한 명예훼손에 대한 손해배상 청구를 기각한다.

판결 이유

원고는 흑수말갈을 정벌하라는 피고 무왕의 명령을 어긴 것은 발해의 발전을 위한 대외 정책의 차이에서 비롯한 결과일 뿐 반역자라는 평가는 억울하다고 주장했다. 하지만 원고가 당나라로 도망가서 당나라의 군사를 이끌고 발해와 싸운 행위를 볼 때 반역이 아니라고 보기는 어렵다.

원고는 당나라와 전쟁을 피하는 것이 발해의 발전을 위한 것이므로 자신은 발해를 위한 충신이라고 주장했으나, 당나라와 전쟁을 피하는 것이 반드시 발해의 발전에 도움이 된다고 판단하기는 어렵다. 또한 원고가 피고와 정책에 대한 생각이 다르다고 해서 피고의 명령에 따르지 않고 당나라로 도망간 것은 비겁한 행동이며 원고를 발해의 충신이라고 인정할 수 없다. 한편 피고가 당나라와 전쟁할 것을 각오하고 흑수말갈을 공격한 것이 최선의 대외 정책이라고 단정할 수도 없다.

원고는 피고의 아들인 문왕이 자신이 주장한 평화 정책을 따랐으므로, 자신의 판단이 옳았다고 주장하지만 정책은 상황에 따라 얼마든지 변할 수도 있다고 판단되므로, 원고의 주장이 정당하다고 볼 수는 없다. 도리어 발해가 당나라와 전쟁하는 것을 두려워하여 흑수말갈을 공격하지 않았을 경우, 당나라뿐만 아니라 주변의 여러 부족들과의 관계에서 어려움을 겪었을 것이라는 피고 측의 주장이 보다 설득력이 있다.

본 법정은 피고가 무죄임을 인정한다. 원고에게는 변명만 하지 말고, 진정으로 자신의 잘못을 뉘우치기를 권고한다. 역사는 자신을 지킬 힘이 있는 자들에게만 평화를 가져다 준다는 평범한 진리를 원고가 깨우치기를 바라는 바이다.

역사공화국 한국사법정 담당 판사 정역사

"발해는 중국이 아닌 우리의 역사라고!"

　　힘겨운 재판을 마치고 돌아온 강경해 변호사는 변호사 사무실 의
자에 앉았다. 재판을 마치고 난 뒤, 강경해 변호사는 다른 날과 같이
재판 과정에서 있었던 여러 가지 일들을 되새겨 보았다.

　　'이번 재판에서 내가 부족했던 점은 뭘까?'

　　이런저런 생각에 빠져 있던 강경해 변호사는 문득 책장에서 발해
에 관련한 책을 꺼내 읽기 시작했다.

　　"698년, 동모산 일대에 대조영이 건국한 발해는……."

　　그때 사무실 문이 열리며 도주한 변호사가 들어왔다. 두 사람은
재판정에서는 치열한 공방을 펼쳤지만, 재판정 밖에서는 억울한 영
혼을 위한 역사 소송을 함께 준비하는 절친한 동료였다.

　　"이봐, 강경해 변호사. 재판이 끝났으면 쉬어야지 뭘 그리 열심히

공부를 하고 있나?"

"음, 발해 역사에 대한 지식이 부족해서 말이야. 이참에 공부 좀 하려고 해."

"그럼 잘 되었네. 이번에 발해와 관련한 재판을 맡았더니, 누가 또 소송을 맡아 달라고 하지 않겠나. 그런데 말이야, 이건 나 혼자서는 좀 벅차서 강 변호사와 함께 소송을 맡았으면 해서 찾아왔네."

도주한 변호사가 소송을 함께 맡자고 하자, 강경해 변호사는 어떤 소송인지 궁금했다.

"대체 무슨 내용인가?"

"나 참, 어이가 없어서 말이야. 중국 출신 영혼 중의 한 사람이 글쎄 대조영이 중국의 영웅이라며, 한국인 영혼 마을에서 중국인 영혼 마을로 대조영의 주소를 이전해 달라는 소송을 냈지 뭔가?"

"아니, 뭐 그런 소송이 다 있어?"

"그게 다면 말도 안 하겠네. 게다가 조만간 광개토 대왕, 동명 성왕, 심지어 단군왕검까지 자기네 조상이라며 줄줄이 주소 이전 청구 소송을 낼 거라고 하지 뭔가."

"아니, 도대체 어떤 정신 나간 영혼이 그런 짓을 하고 있어?"

"그렇게 흥분만 하지 말게나. 그자가 낸 소장의 청구 이유를 보니, 우리가 열 받아서 흥분만 하면 안 되겠어."

"아니, 대체 뭐라고 청구 이유를 썼기에 그래?"

"발해의 역사는 중국인이 썼다는 거야. 그리고 발해가 멸망한 후, 그 땅은 거란이 다스렸고, 거란은 결국 중국이 되었고, 발해 유적의 대다수는 현재 중국 땅에 있다는 거야. 대조영은 중국 땅에서 태어나 중국 땅에서 죽었으니, 중국 출신 영혼 마을로 이사를 와야 한다는 거야."

강경해 변호사는 이 말을 듣고 화가 치밀었다. 흥분한 강경해 변호사는 물을 한 잔 마시고, 다시 자리에 앉았다. 도주한 변호사가 침착하게 말을 꺼냈다.

"이봐, 강 변호사, 우리는 변호사야. 우리가 흥분하면 안 되지. 침착하게 왜 중국인의 주장이 잘못되었는지를 재판에서 말해 줘야 하지 않겠어?"

"맞아. 우리가 발해를 잘 모르니까, 먼저 흥분한 거야. 그냥 막연하게 발해는 한국사라고만 생각했기 때문에, 이런 중국인의 억지 주장에도 화부터 내는 거지."

강 변호사는 스스로 흥분한 것이 잘못이라고 생각하고, 다시 냉정을 되찾았다.

"발해의 역사를 중국인이 썼다는 것은 틀렸어! 중국인이 쓴 기록인 『신당서』 등의 책에 발해는 어디까지나 북방 오랑캐, 즉 외국에 대한 기록에 포함되어 있어. 그들은 발해를 다른 나라로 보고, 다른 나라의 역사를 쓴 것일 뿐이야."

"맞아. 중국인들은 불과 1970년대까지도 발해를 자국의 역사라고 주장하지 않았어. 어디까지나 외국이었다고. 그런데 한국은 다르지. 이미 1784년 유득공이 『발해고』를 써서 발해가 한국사임을 밝혔지. 뿐만 아니야. 임진왜란 때 조선에 왔었던 명나라 사람 오명제가 쓴

『조선세기』라는 책에도 발해는 한국사라고 기록되어 있어.”

　“와, 강 변호사. 정말 열심히 공부를 했군. 그래, 우리가 먼저 발해를 제대로 알아야 해.”

　“그럼, 그래야지. 발해 땅이 언제부터 중국 땅이라고. 중국인이 만주 지역을 다스리게 된 것이 불과 100년이 되려나?”

　“그래. 하지만 그것만으로는 부족해. 철저히 끝까지 파헤쳐서 이번 소송에서 제대로 보여 잘못된 주장은 왜 잘못되었는지를 확실하게 밝혀 주어야 해."

"이런 문제가 생긴 것은 우리 후손들이 조상의 역사를 제대로 몰랐기 때문이라고도 할 수 있어. 우리가 만만해 보이니까, 중국인이 역사 도발을 해 오는 것 아니겠어? 우리나라 사람들이 발해 연구를 더 열심히 하고, 발해의 역사를 잘 알고, 많이 사랑했더라면 이런 일도 없었을 거야."

"자, 그럼 우리 같이 힘을 합쳐서 이번 소송을 대비하자고. 우선 열심히 『발해사』부터 읽어야겠어!"

해동성국 발해

발해의 역사와 문화를 배우는
발해역사관

2007년 7월 국내 최초로 강원도의 속초시립박물관에 발해역사관이 새로 문을 열었습니다. 우리의 역사라고는 생각했지만 다른 시대에 비해 잘 알지 못했던 발해를 살펴보고 또 알아볼 수 있는 곳입니다.

총 2층 규모로 들어선 발해역사관의 지상 1층에는 해동성국 발해실과 영상실, 발해 체험실이 있습니다. 그곳에서는 발해의 건국과 관련된 전시물 등을 볼 수도 있고, 발해인의 옷을 입어 보고 여러 가지 발해 문양 스탬프를 재미있게 찍어 볼 수도 있지요. 또한 영상실에서 발해와 관련된 내용을 다룬 드라마의 중요 장면 동영상도 볼 수 있습니다.

지하 1층에서는 발해 3대 왕인 문왕의 넷째 딸 정효 공주 고분을 주제로 다루고 있습니다. 고분 벽화에 나타난 인물의 복식과 악기를 볼 수 있지요. 사실 무덤은 죽은 자를 위한 공간이지만, 당시를 살았던 사람들의 모습을 고스란히 볼 수 있는 문화유산이기도 합니다. 발해의 무덤은 고구려의 풍습을 따르기도 하

발해역사관의 전경

고, 말갈이나 당의 풍습을 따르기도 한 독특한 형태를 띠고 있는 것이 특징이에요. 특히 정효 공주 무덤의 벽화에는 모두 12명의 인물이 그려져 있는데, 직분에 따라 무사, 시위, 악사, 시종, 내시 등으로 구분되지요. 이를 통해 발해인의 옷과 생활상을 짐작할 수 있습니다.

속초시립박물관에는 발해의 수도였던 상경성을 그대로 축소해 놓은 모형과 발해 공주의 무덤이 어떻게 생겼는지 살펴보는 전시물도 있습니다. 발해역사관은 민족의 역사임에도 불구하고 우리가 그동안 다소 소홀히 했던 발해에 대해 제대로 살펴볼 수 있습니다.

찾아가기 주소　　강원도 속초시 신흥2길 16
　　　　　관람시간　3월~10월 09:00~18:00
　　　　　　　　　　11월~2월 09:00~17:00
　　　　　　　　　　(휴관일: 1월 1일, 매주 월요일)
　　　　　문의　　　033) 639-2977

상경성 모형

정효 공주 고분 실사 모형

『역사공화국 한국사법정 13 왜 발해 무왕은 당나라를 공격했을까?』
와 관련한 논술 문제를 풀어 봅시다.

※ 다음 제시문을 읽고 물음에 답하시오.

(가) 동북의 여러 오랑캐가 두려워하여 발해의 신하가 되었다.

－『신당서』중에서

(나) 흑수말갈이 처음에는 우리에게 길을 빌려 당나라와 통교하였
　　다. 그런데 지금 당나라에 관리를 요청하면서 우리에게 알리지
　　않으니 이는 반드시 당나라와 함께 우리를 공격하려는 것이다.
　　문예와 장군 임아는 군사를 거느리고 흑수를 치도록 하라.

－『구당서』중에서

(다) 흑수말갈이 당에 관리를 요청하였는데 곧바로 공격하려고 한
　　다면 이는 당을 배반하는 것입니다. 하루아침에 원수를 맺는 것
　　은 스스로 멸망을 취하는 것입니다. 옛날 고구려가 전성기에 강
　　한 병사가 30만이나 되어 당에 대적하며 섬기지 않았다가 당나
　　라 병사에 패하는 일이 있었습니다.

－『구당서』중에서

1. (가)는 주위의 나라들이 발해를 어떻게 생각했는지 알 수 있는 내용이고, (나)는 무왕이 당나라를 치고자 한 이유를 알 수 있는 내용이고, (다)는 대문예가 흑수말갈을 치지 않은 이유에 대한 내용입니다. (가)~(다)를 토대로 당시 국제 질서에서 주변국과의 관계에서 발해의 위치에 대해 쓰시오.

※ 다음 제시문을 읽고 물음에 답하시오.

(가) 이 땅은 부여의 유속을 이었고, 고구려의 옛 영토를 회복했으니 너희 일본은 옛 고구려를 대하듯 나를 대하라.

– 발해가 일본에 보낸 외교 문서

(나) 727년 발해의 무왕은 24명의 사신을 일본에 파견했어요. 당시 일본의 성무왕은 이들을 극진히 대접했고, 각종 답례품을 보냈

습니다. 이렇게 시작된 일본과의 교류는 192년 동안 계속되어 발해 사절은 일본에 34차례, 일본 사절은 발해에 13차례 방문하였습니다.

(다) 발해의 말, 담비 가죽, 호랑이 가죽 등은 일본에서 대단한 인기를 끌었습니다. 당시 일본으로 전해졌던 발해의 음악 '발해악'은 여전히 일본에 남아 있습니다.

2. (가)~(다)를 읽고 발해와 일본과의 관계에 대해 쓰시오.

해답 1 발해는 지린성의 동모산에 자리 잡은 이래로 주위 세력을 포섭하고 정복하는 등 영토 확장에 박차를 가해 왔습니다. 특히 발해는 고구려의 후예라고 여겼기 때문에 고구려의 옛 영토를 되찾으려는 생각을 품고 있었지요. 그래서 (가)에서 알 수 있듯이 발해는 주변의 여러 부족들을 통합해 영토를 넓혔습니다. 그러자 (나)에서 알 수 있듯이 흑수말갈이 당에 도움을 요청하게 된 것입니다. 하지만 (다)에서 알 수 있듯이 발해는 아직 당과 전면전을 펼치기에는 국력이 다소 미흡했습니다.

해답 2 발해는 건국 후, 일본에 발해가 고구려를 계승한 나라임을 적극 알렸습니다. 발해는 동해 바다를 건너 일본에 사신 파견을 자주 했는데, 그것은 일본이 발해의 중요한 우방임을 보여줍니다. 발해는 남쪽 신라와 전쟁도 한 바 있었기 때문에, 신라를 견제해줄 일본과의 관계가 중요했습니다. 일본 역시 신라와 사이가 나빴기 때문에, 발해를 중요한 우방으로 여겼습니다. 또한 두 나라 사이에는 무역 거래와 문물 교류도 활발했습니다.

* 해답은 예시로 제시된 내용입니다.

ㄱ

강동 24개석 35

걸걸중상 30

걸사비우 32

국내성 48

금나라 51

ㄴ

나당 연합군 30

남경 남해부 33

남북국 시대 5

ㄷ

대도리행 80

대흠무 102

돌방무덤 10

동경 용원부 35

동모산 10

등주도 35

등주성 90

ㅁ

마도산 90

모줄임천장 42

물길 51

ㅂ

발해5도 34

발해고 15

북위 59

ㅅ

상경 용천부 36

서경 입록부 33

서고성 38

선왕 120

왜 발해 무왕은 당나라를 공격했을까?

속말말갈 60

수나라 30

숙위 82

신당서 56

신라도 35

신라의 5소경 36

실학자 29

ㅇ

어전 회의 59

연개소문 30

연호 10

영광탑 38

영류왕 30

영주도 35

유주 56

을지문덕 62

이이제이 78

일본도 33

ㅈ

정혜 공주 41

정효 공주 41

중경 현덕부 36

지린성 22

진국 32

ㅊ

천문령 전투 32

천진교 98

청나라 51

ㅌ

토번 87

ㅍ

팔련성 49

평양성 48

ㅎ

해동성국 6

헤이룽장성 37

황상 42

역사공화국 한국사법정 13

왜 발해 무왕은 당나라를 공격했을까?

ⓒ 김용만, 2010

초 판 1쇄 발행일 2010년 11월 19일
개정판 1쇄 발행일 2014년 5월 16일
개정판 6쇄 발행일 2024년 1월 1일

지은이   김용만
그린이   조진옥
펴낸이   정은영

펴낸곳   (주)자음과모음
출판등록 2001년 11월 28일 제2001-000259호
주소   10881 경기도 파주시 회동길 325-20
전화   편집부 (02) 324-2347 경영지원부 (02) 325-6047
팩스   편집부 (02) 324-2348 경영지원부 (02) 2648-1311
이메일   jamoteen@jamobook.com

ISBN 978-89-544-2313-7 (44910)

과학공화국 법정시리즈 (전 50권)

정완상 외 지음 | (주)자음과모음 | 이메일 soseries@jamobook.com

생활 속에서 배우는 기상천외한 수학 · 과학 교과서!
수학과 과학을 법정에 세워 '원리'를 밝혀낸다!

이 책은 과학공화국에서 일어나는 사건들과 사건을 다루는 법정 공판을 통해 청소년들에게 과학의 재미에 흠뻑 빠져들게 할 수 있는 기회를 제공한다. 우리 생활 속에서 일어날 만한 우스꽝스럽고도 호기심을 자극하는 사건들을 통하여 청소년들이 자연스럽게 과학의 원리를 깨달으면서 동시에 학습에 대한 흥미를 가질 수 있도록 구성하였다.

물리법정 1	물리의 기초		지구법정 1	지구과학의 기초
물리법정 2	물리와 생활		지구법정 2	천문
물리법정 3	빛과 전기		지구법정 3	날씨
물리법정 4	소리와 파동		지구법정 4	지표의 변화
물리법정 5	여러 가지 힘		지구법정 5	지질시대
물리법정 6	운동의 법칙		지구법정 6	남극과 북극
물리법정 7	일과 에너지		지구법정 7	화석과 공룡
물리법정 8	유체의 법칙		지구법정 8	별과 우주
물리법정 9	현대물리학과 양자론		지구법정 9	바다 이야기
물리법정 10	상대성 이론		지구법정 10	이상기후

화학법정 1	화학의 기초		수학법정 1	수학의 기초
화학법정 2	물질의 구성		수학법정 2	수와 연산
화학법정 3	물질의 성질		수학법정 3	도형
화학법정 4	화학반응		수학법정 4	비와 비율
화학법정 5	화학과 생활		수학법정 5	확률과 통계
화학법정 6	신기한 금속		수학법정 6	여러 가지 방정식
화학법정 7	여러가지 화합물		수학법정 7	여러가지 부등식
화학법정 8	물질의 변화		수학법정 8	여러가지 수열
화학법정 9	음식과 화학		수학법정 9	수학퍼즐
화학법정 10	우리 주변의 화학		수학법정 10	수학의 논리

생물법정 1	생물의 기초
생물법정 2	동물
생물법정 3	곤충
생물법정 4	인체
생물법정 5	식물
생물법정 6	자극과 반응
생물법정 7	유전과 진화
생물법정 8	신기한 생물
생물법정 9	해양생물
생물법정 10	미생물과 생명과학

철학자가 들려주는 철학 이야기 (전 100권)

서정욱 외 지음 | (주)자음과모음 | 이메일 soseries@jamobook.com

아이들의 눈높이에 맞춘 철학 동화!
책 읽는 재미와 철학 공부를 자연스럽게 연결한 놀라운 구성!

대부분의 독자들이 어렵게 느끼는 철학을 동화 형식을 이용해 읽기 쉽게 접근한 책이다. 우리의 삶과 세상, 인간관계에 대해 어려서부터 진지하게 느끼고 고민할 수 있도록, 해당 철학 사조와 철학자들의 사상을 최대한 풀어 썼다.

이 시리즈의 가장 큰 장점은 내용과 형식의 조화로, 아이들이 흔히 겪을 수 있는 일상사를 철학 이론으로 해석하고 재미있는 이야기로 담은 것이다. 또한 아이들의 눈높이에 맞는 쉽고 명쾌한 해설인 '철학 돋보기'를 덧붙였으며, 각 권마다 줄거리나 철학자의 사상을 상징적으로 표현한 삽화로 읽는 재미를 더한다. 철학 동화를 이끌어가는 주인공을 형상화하고 내용의 포인트를 상징적으로 표현한 삽화는 아이들의 눈을 즐겁게 만들어준다. 무엇보다 이 시리즈는 철학이 우리 생활 한가운데 들어와 있고, 일상이 곧 철학이라는 사실을 잘 보여준다. 무엇보다 자기 자신을 극복한다는 것, 인간을 사랑한다는 것, 진정한 인간이 된다는 것, 현실과 자기 자신을 긍정한다는 것 등의 의미를 아이들의 시선에서 풀어내고 있다.